中世勧進の研究

―その形成と展開―

中ノ堂一信

法藏館

中世勧進の研究——その形成と展開——＊目次

序章　勧進研究への道……………………………………3

第一章　中世的「勧進」の形成過程……………7

はじめに　7

1節　重源の勧進が占める位置　10

2節　平安時代の勧進　20

a勧進聖の出現　21／b勧進聖の生活と活動　28／c中世的勧進の成立　44

3節　大勧進職の成立――むすびにかえて　50

第二章　東大寺大勧進職の成立………………63

はじめに　63

1節　東大寺再興と重源　65

（1）東大寺再興事業の性格　65

（2）「重源」像の再検討　74

a醍醐寺理趣三昧僧重源　77／b重源の入宋　83／c東大寺再興勧進任命　89

2節　東大寺再興勧進　93
（1）東大寺再興勧進集団　93
（2）再興勧進にみられる二つの形態　99
（3）東大寺大勧進職就任　104
3節　中世的勧進の成立――むすびにかえて　114

第三章　中世的「勧進」の展開……131

はじめに　131
1節　勧進所の成立　133
2節　中世勧進の形態――巡歴型勧進　143
3節　中世勧進の形態――幕府依存型勧進　150
4節　中世勧進の形態――朝廷助成型勧進　162
5節　興行型勧進の登場　169
a寺宝の出開帳（日本型展覧会の先駆）　169／b縁起絵巻の利用（日本型宗教絵画の需要）　177／c勧進芸能（日本型芸能興行の先駆）　179

6節　近世的勧進への道――ノルマ型勧進から興行型勧進への移行　182

第四章　中世の勧進と三昧聖……………………199

1節　『日本往生極楽記』にみる勧進　199

2節　勧進と三昧聖　202

3節　作善・結縁する人々の意識　207

第五章　勧進と興行――勧進の近世的展開……………………217

初出一覧　221

あとがき　223

中世勧進の研究

——その形成と展開——

表紙カバー
：『三十二番職人歌合絵巻』より「勧進聖」図（天理大学附属天理図書館蔵）
：「蓮実形柄杓」（東大寺蔵、『御遠忌800年記念特別展　大勧進重源』（奈良国立博物館、二〇〇六年）より転載）

序章　勧進研究への道

「一生懸命に史料を解釈し、それなりに新しい見解を発見したと思っていたら、林屋先生の著作、論文のなかですでに、さりげなくそのことが記述されていた」「まるで、先生が計画し造成された道のデコボコを埋めているような気持ちになってしまった」。こんな大先輩の言葉を聞いたのは、私が学生時代のことであったように記憶している。この大先輩の言葉のように、お釈迦様の掌から離陸できたような気持ちでいて、ふと振り返るとそこはまだお釈迦様の手の内であった、私にとっての林屋辰三郎先生は、そのような感嘆すべき先見性と包容力を備えられた恩師であった。

私が勧進というテーマを研究課題に選んだのは大学三年次の先生のゼミにおいてで

ある。その頃、大学院に在学中の守屋毅氏と二人で、堀一郎氏の『我が国民間信仰史の研究』(1)を輪読していて、そのなかで勧進聖の存在を意識したのが最初であった。先生のゼミでの発表の最初に臆面もなく「五木の子守歌」を歌い、奈良時代の僧・行基のような存在が何ゆえ江戸時代にはこの民謡のように乞食の認識になってしまったのか、こんな調子で疑問提起だけの発表をしたことを覚えている。

その時の先生の反応は記憶にないが、ただ勧進だけは肝心な問題だと思い込んでしまっていた。だが具体的にどうすればいいのか、未開拓な研究分野とて途方にくれていたとき、勧進は中世宗教文化芸術活動の基盤だという、そのころの私にとっては途方もない壮大な指針を、さりげなく示唆してくださったのが先生であった。そして卒業論文制作を前に、一度ならずこんな難しいテーマは放棄したいと思った私に、「そらあかん、いらん前提観念なしに勧進〳〵と史料を見つけ書き写し、そこから読み取れる事柄だけを記述したらいい」と激励もいただいた。

日本史研究会史料研究部会編『中世の権力と民衆』(2)に収録されている「中世的勧進

の形成過程」という論文は、大学紛争で立命館大学文学部長を辞職された先生が、教え子の卒業だけは確保するため辞職後も卒論試問の任にあたられたなかで、「論文全体の三分の二の趣旨はいい、再構成したら」という教示のもと書いたものであった。だがそれが、発表後とんでもない迷惑をかける結果となってしまった。史料カード記述時に誤記したままで、校正見直しすることなく記事の引用誤記をもたらし、東京の研究者から日本史研究会史料研究部会の名前に値しない論文の格好の例とされたのである。崖っぷちまで落ち込んでいた私に、「将来『塵』と『鹿』というエッセーでも書けばいい」と先生は励ましてくださり、「君の論文の部分については、竹内理三先生（『平安遺文』編集者。元東京大学史料編纂所長）が、もしかしたらとご自身で文書原文にあたられた」と教えていただいた。

たかが卒業直後の学生の論文に誤記引用されたものを大先生が再調査された、そのことに驚愕し、学問、研究の厳しさ、研究者の真摯さを実感させられた。おそらく林屋先生もそのことを示唆されたのであろう。迂闊な性格はその後も、さほど変わっているとは思えないが、研究への心構えだけは苦い体験を通じて学んだと思う。その後も先生からは、勧進に関する論文を最低でも三部作として発表するように助言を得ていた。勧進の社会・文化的に果たした役割の広さ、影響などを見通されての発言であったと推測している。また三本の論文を発表すれば、私が領域の研究者としてのスタートに立てるだろうというお考えのようでもあった。本書に収録した論考は、未熟ではあったがその時点で中世勧進に関する研究の指針といくつかの特質を記述したものである。だが、私自身は一九八一年に職場を東京国立近代美術館に転じたため、業務として新たな研究領域を託され、勧進の研究をその後も継続することは現実的に難しくなった。しかし、今振り返れば工芸史、工芸評論の世界に転じてからも、この経験が私の研究者としての原点となってきたように思う。

註

(1) 創元社、一九五三年
(2) 創元社、一九七〇年

第一章　中世的「勧進」の形成過程

はじめに

　古代寺院が律令国家の保護のもと、広大な寺領と庄園によって維持されていたのに対し、中世寺院はその経済的基礎である寺領や庄園を失い、種々の困難に直面せねばならなかった。なかでも堂舎の維持は、中世寺院にとって最大の問題となっていた。すでに平安中期以降、寺院は律令国家の崩壊と庄園の変質にともない伽藍や法会の維持に、さらには僧供料の獲得に頭を悩ましていたが、鎌倉時代から室町時代へと、その事態は決定的なものとなっていった。こうした寺院の維持・復興事業を担って行なわれた募金活動が勧進であった。

十二世紀初頭に大焼亡の再興を勧進によって行なった高野山をはじめとし、俊乗房重源による東大寺再興勧進、これとほぼ同時期の四天王寺大塔修造勧進、さらには鎌倉時代末にみえる法勝寺再興勧進、東寺堂舎修造勧進、室町時代に入り醍醐寺再興勧進、長谷寺再興勧進、天龍寺堂舎修造勧進、南禅寺修造勧進等々、著名な大寺院のみならず、中小寺院においても寺院復興のため勧進が行なわれた。また元興寺のごとく寺院経済そのものが勧進によって維持されている場合さえみられるのである(1)。いわば中世寺院の維持のためには不可欠な活動として勧進があった。それゆえこの勧進の存在を無視して中世寺院を語ることはできないのである。

そのため従来の研究においても勧進について触れられたものは多く、その代表的な研究を考えても十指は下らない。しかし勧進の現実のありかたが多様で、内容も複雑多岐にわたっているゆえか、それら諸研究においては、とかく傍系的にしか勧進の問題は扱われず、勧進そのもののもつ歴史的意義が究明されることはほとんどなかったといってよい。「勧進」という言葉は聞き慣れたものになっているが、実態が具体的に解明されていないのである。かつて柳田国男氏は「勧進は即ち寄附金募集」[2]であると述べられたことがあるが、はたして柳田氏以後どれぐらい勧進にたいする理解度は進んだのであろうか。たしかに勧進という言葉が寄付金募集行為と深いかかわりがあったことは異論ないところである。しかし、周知のごとく「勧進」なる名称は、平安時代から現代[3]に至るまで生きつづけている。それゆえ、その間「勧進」なる言葉に込められたものがまったく同質であったとすることなくしては、勧進＝寄付金募集であると簡単には定義づけられないのではないだろうか。問題を一歩進め、その時々の勧進を歴史的に把握する作業がなされねばならないと考える。だが、今日までの勧進に関する記述をみれば、そこでは勧進の史的展開、勧進聖の実態、活動の具体的様相などは研究の空白として、後日の課題として残されてきたといわねばならない。

このように勧進に関する研究はいちじるしくたち遅れており、いまだ基礎的事実を確認せねばならない段階にある。とくに鎌倉時代初頭の東大寺再興勧進以前については、具体的研究が皆無に等しく、基礎的事実さえ確認されずにいる。そこで本稿においては、平安時代の勧進についていくつかの事実を検証し、あわせて一つの仮説を提出し、研究の空白をいくらかでも埋めることにしたい。

1節　重源の勧進が占める位置

俊乗房重源の伝記的研究、また東大寺再興での活動については、その宗教史的、社会経済史的、文化史的、建築史的方面から種々の検討が加えられつつあり、ほぼ全貌が明らかにされている。(4) 現在までの研究の成果として『重源上人の研究』(5) に収録されている諸論文は高く評価できよう。そこで重源の詳細な考察はそれらに譲り、本稿では勧進の史的考察を行なう場合、重源の勧進はいかなる位置を占めるのかについて考えてみたい。

われわれは勧進活動にたずさわる者を指して勧進聖と呼んでいる。では、そうした勧進聖の初めは誰に求めるべきであろうか。それに関して興味ある意見が、無住の『沙石集』と慧空の『叢林集』にみえている。そこでこの二つの見解を中心としながら重源の勧進がもつ意義を考えてみよう。

弘安六年（一二八三）に完成したとされる無住の『沙石集』には、天平年間に東大寺大仏鋳造に参加した行基を指して「即成人シテ、東大寺大仏殿ノ勧進聖ト成給ヘリ」とみえ、行基をわが国における勧進聖の祖と考えている。東大寺大仏鋳造に関係した行基を勧進聖の祖と考えることは、この無住ばかりではなく、むしろ当時の一般的見解であった。例えば東大寺再興勧進に重源がたずさわったときの彼自身の表白文や、そのとき出された宣旨にも「天平行基并興叡願而致勧進」とある。行基がいわゆる「知識結」による喜捨によって東大寺大仏鋳造に参加したことが、そのような見解を生みだすことになったのである。

しかしながら、慧空の『叢林集』では行基を勧進聖の祖とはみず、重源を勧進聖の祖であるとしている。「黒谷の一化、或は存、或は滅、正流傍流繫属流類の諸流を勘ふるに、凡そ二十四流乃至二十六流あり」と述べる慧空は、源空（法然）よりのちの念仏流派の名前をあげているが、そこに、「俊乗坊重源ハ立勧進義　十穀聖リ也」と書かれており、あわせて、

勧進聖十穀聖リ也 重源為本

という記事がある。行基を勧進聖の祖とする見解が一般的であったとすれば、この『叢林集』にみえる見解は、いかなる理由をもって記されたのであろうか。「十穀聖リ也　重源為本」と勧進聖の説明に書かれていることは、重源の勧進を考える場合に重要な手がかりになると考えられる。

東大寺再興勧進に従事する以前の重源がどのような活動を行なっていたのかは、あまりあきらかでない。ただ、若き日の重源が醍醐寺とも関係をもつ僧であったことは、理趣三昧衆として大法師位にあることからうかがえる。(10) しかし重源は同時に浄土信仰の信奉者としての性格を色濃く有していた。重源自身の手になる『南無阿弥陀仏作善

集』には、「阿弥陀仏名名付日本国貴賤上下事」とあり、浄土信仰の深まりのなかで高野山新別所・播摩浄土寺・伊賀新別所などを設けたことが記述されており重源が聖的僧徒であったことを示している。真偽のほどはあきらかではないが、法然と密接なる関係を重源が有していたとされる[11]以上、浄土宗の学僧慧空が重源を重視するのは、けだし当然であろう。勧進聖の祖を行基ではなく重源に求めようとする背景に浄土教徒（聖）としての重源の姿があったことは否定できない。

しかし、慧空が勧進聖は十穀聖のことであり、その十穀聖は重源から出発したと記しているのは、あながち浄土宗側の作意ではなく、むしろ重源の活動そのものがのちの勧進聖へつながる何かを有していたからであると考えられる。堀一郎氏は室町時代の勧進の中に十穀聖によるものが多数存在することを、史料的に裏づけられているが[12]、そこではさらに十穀聖が民間の勧進活動者であり、諸国遊行の聖であったことも、あきらかにされた。このような中世の民間勧進活動者の祖として重源が位置づけられているのは、なんらかの意味で中世的「勧進」の出発点が重源の勧進にあったことを予想させるのである。

そこで、かかる中世的「勧進」の出発点であるという視点から重源の東大寺再興事業をみれば、次の二つのことは注目されねばならない。

(1) 重源の勧進が東大寺大勧進職保有者としての活動であったこと

(2) 東大寺再興が勧進聖たる重源の全面的請負事業として成立していること

第一に、東大寺において重源以降の勧進が大勧進職保有者のもとに行なわれたことは、「向後大勧進職者、追栄西僧正行勇法印等旧蹤、依忍性心専等上人近例[13]」とあることから知れる。この東大寺をはじめとして鎌倉・室町時代の勧進には、大勧進職に補任された僧侶のもとで行なわれる場合がある。いわば寺院にとり公的に承認して行なう勧進が、大勧進職保有者による勧進であった。建武年間（一三三四〜三六）の東寺修造が大勧進職を設けて行なわれていること[14]や、貞和年間（一三四五〜五〇）の法勝寺修造に大勧進職が設けられていること[15]はその一例である。しかし中世の勧進がこのような大勧進職保有者のもとでの活動としてのみ存在するわけではない。民間の勧進聖による勧進も多数存在していたことは、すでによく知られたところである。

このように、中世の勧進を考える場合、大勧進職に補任された僧侶のもとでの勧進であるのか、民間の勧進聖による勧進なのかは、一つの基準として設定しうる区分なのである。この両者の差が寺院修造に際して大勧進職が設けられた時点に始まることは、いうまでもない。かかる大勧進職が東大寺再興勧進に際して設けられたことは、重源が中世の勧進の出発点と考えられる一つの要因である。重源の勧進を画期として、その後の勧進は、大勧進職保有者たる大勧進僧および勧進僧による活動と、民間の勧進聖による活動へと、展開してゆくことになるのである。

このように考えれば、慧空が民間の勧進活動者たる十穀聖の祖を重源に求めた理由は、もはやあきらかになろう。それは重源が、中世の勧進にみられる二つのありかた、その分岐点に立つ人物であったからにほかならないからであった。

第二には、東大寺再興が勧進聖重源の完全な請負事業として成立していることを指摘せねばならない。寺院造営のなかで担う役割そのものの問題として、重源は前代の勧進のありかたとは異なった役割を果たした。今、同じく東大寺造営の一端を担った行基の場合と比較しながら考えてみると、そのことはいっそう明確になるであろう。

行基が「知識結」の喜捨によって得た奉加物は、『東大寺要録』にみられるごとく材木知識・役夫・金知識による資材・労働力を中心とし、米・銭・車・牛・鍬・商布・稲・屋・倉・栗林・家地などに及んでいる。行基が大仏鋳造のため、集めた奉加物は多種多様であり、その量は膨大なものがあった。しかし行基の活動で注意すべきは、東大寺造営のなかでの役割として資材・資金・労働力の確保という側面に限定されていることである。この東大寺の経営が律令国家、なかんずく藤原仲麻呂のイニシアティブ下にあったことや、大仏鋳造と伽藍造営にたずさわったのが造東大寺司であったことは、すでに周知のところであろう(16)。行基が知識を勧進することにより得た奉加物は、結局これら造東大寺司に収められ、行基の手を離れるのである。東大寺造営はあくまで造東大寺司の行なうところの活動であった(17)。つまり行基は、東大寺造営工事そのものには直接手を出すことはなかったといわねばならない。

だが、重源が東大寺再興のなかで担った役割は、行基とは異なる。重源に関する諸研究があきらかにされているごとく、重源の活動は勧進による再興資金の確保のみならず、再興事業の経済的基礎となる周防国・備前国・播磨国の経営、そこからの木材の採収・運搬・さらには実際上の工事の指揮をも行なうものであった。東大寺の建築様式として有名な天竺様式が重源による考案であり、まったく独創的な建築様式であったとする大岡実氏の研究⑱は、工事そのものに重源が深く関係していたことを示唆している。たしかにこの東大寺再興においても、行基の場合に知れる造東大寺司が復活され、その長官に藤原行隆が任命されている。だがこの時の造東大寺司はまったく名目的役割しか果たさず、実際上の活動はすべて重源にゆだねられたのである。『玉葉』文治二年（一一八六）二月二日条には、東大寺再興造営が重源の行なう活動であったことを端的に示す記事がある。

仰別当事、禎喜定遍両代、本寺造営一切不致沙汰、雖自今以後補被別当者、以同前歟、若必可被補者、此条兼能可被仰含歟、不然者、造寺之間、被付上人之条、

実不似公事、只可被付造寺所歟、

これによると、禎喜、定遍が東大寺別当であった時代には、東大寺は造営に一切関係を有さなかったことがあきらかになる。そのため今後も同様であるべきで、重源を造営期間だけ補任してはどうかと尋ねているものであるが、九条兼実は公事であるから重源を補任することは反対すると答え、重源はただ造寺所活動にのみたずさわらせるべきであると言っている。そこから、少なくとも重源は東大寺再興の造寺活勤に関してはそのすべてを行なう、全面的請負者であったことがあきらかになろう。その意味で東大寺再興造営は、重源によって独自に行なわれた事業であったといってよいのである。

室町時代の永享四年（一四三二）に、東寺御影堂上葺勧進にたずさわった覚蔵坊という勧進僧[19]は、同じく永享六年には醍醐寺山上清滝宮修造勧進にたずさわっている[20]。この時、醍醐寺は覚蔵坊を造営奉行に任じた。この覚蔵坊という僧が勧進活動を専門とする者であったことは推測にかたくないが、この勧進僧を造営奉行に任じたのは、とりもなおさず勧進という活動が造営の実際上の工事をすべて行なう行為として認識されていたからである。事実、勧進僧覚蔵坊は造営工事の指揮をすべて行なっていた。「覚蔵悉皆奉行」(21)（傍点筆者）とあることはそれを物語っている。この覚蔵坊の例が端的に示しているように、中世の勧進活動とは事業全体を寺院から請負うものであった。重源の東大寺再興は、このような中世の勧進の先駆的活動だったのである。

従来、重源の東大寺再興活動はその規模が大きかったことで注目され、その面から評価されてきたが(22)、むしろ歴史的には中世的な勧進の出発点であったことにより評価されるべき活動なのである。具体的には大勧進職保有者として重源が活動していることであり、それと表裏一体をなすが、重源の独自な請負事業として東大寺再興が行なわれたことである。この点において行基の活動とも区分しうるのであり、また前代の勧進活動とも異なる活動だったのである。

それでは、こうした重源の勧進はいかなる歴史的展開のなかで生まれてくるのか、いわば中世「勧進」成立の前提ともいいうるものを、以下において考察することにしたい。

2節　平安時代の勧進

元来、勧進は物質的喜捨を得る活動を意味するものではなかった。ましてや、寺院修造の事業資金確保の活動を指す言葉でもない。勧進という言葉は「法華経」「観無量寿経」等の経典にすでにみえるが、そこでは仏教において善行をすすめ仏道に入らしめることを指しており、勧化や募縁と同様の意味で使用されている。

ところが、わが国において勧進は、単に仏教の布教を意味するのみならず、物質的喜捨を得る経済活動として、さらには寺院の修造費用調達の行為として理解されているのである。では、いつごろから勧進は寺院の事業資金確保の経済活動として成立するのであろうか。また勧進にたずさわる勧進聖の出現はいつであったのだろうか。まずもって、この問題から考察することにしたい。

a 勧進聖の出現

「法華経」「観無量寿経」等の経典において、勧進が仏教布教を意味する言葉として使用されていたゆえか、わが国においても勧進は、初期には物質的喜捨を得る活動を示す言葉ではなかった。十世紀末に慶滋保胤により編された『日本往生極楽記』は、史料上に勧進という名称がみえる比較的早い例であると考えられるが、そこには、

證往生事実、為良験、但衆生智浅不達聖旨、若不現記往生者、不得勧進其心（傍点筆者）

とあり、[23]勧進はあくまで信仰を布教する言葉であったことが知られる。しかも保胤が勧進しようとしていたのは、広く仏教一般ではなく、往生の事実をあきらかにすることによる浄土教信仰であった。また、三善為康の『拾遺往生伝』の序文にも、

只為結縁　為勧進而記矣

とあり、[24]拾遺往生伝の目的が勧進（＝布教）にあったことがわかる。このように勧進は、いわば一連の往生伝のきまり文句として使用されはじめるのであるが、そこでは

布教以上の意味を帯びた言葉ではなかった。そして、この布教が具体的には浄土教の信仰であったことは、『日本往生極楽記』の序文や『拾遺往生伝』にある。

修法花三昧、正暦之初、勧進自他、修七日念仏(25)

という記事や、

勧進道俗、勤行講経、令人勧法花(26)

からあきらかになるであろう。

このように、勧進は平安浄土教の形成と密接なる関連をもって史料上に姿をあらわすわけであるが、それがやがて「知識結(27)」と同様に、物質的喜捨を得る経済活動へと意味内容を変化させるについては、「聖」の問題と深くかかわっているのである。

堀一郎氏によれば、聖は「特に道心堅固、持戒忍辱の行者、また、恣意的な隠道の行者に対する特殊な尊称(28)」であったが、平安時代においては、聖は総じて既成顕密教団から離脱した浄土門の僧徒を意味していた。(29)

平安時代初頭、それまでの仏教を批判しつつ「一切皆成仏」を主張して天台宗を開いた最澄、および「即身成仏」の提唱を行ない真言宗を開いた空海により、顕密聖道門教団は成立したのであるが、やがて寺領や庄園の増大にともなう教団の世俗的発展、および寺院機構の拡大、さらには延喜・天暦期から始まる貴族の僧界進出にともなう教団内部での階級対立[30]、僧綱職をめぐる争いなどによって、教団そのものが著しく権力化・世俗化し、ついには教理と現実とが相応しなくなってきた[31]。したがって、そのような既成顕密教団の世俗化の風潮のなかから真に宗教的欲求に目覚めて、仏道求道の生活を維持し、仏教教理を体験しようとする僧徒たちは、そうした寺院機構や形式を拒否して活動するか、遁世して活動するほかはなかったのである。それゆえ、彼ら聖たちの生活も、隠遁生活によって極度に清貧を高唱し、常に自己を高め、仏への親近性を深め求道生活を行なう場合や、遊行漂泊的な方法をもって求道生活を維持し、仏教教理を体験しようとする場合がみられるのである。天暦五年（九五一）から京都で貴賤をすすめ、知識を唱え、西光寺（のちの六波羅蜜寺）の造立、および観音像・梵王帝釈四天王像、さらには、金泥大般若経六百巻の写経を行なった[32]市聖空也が、この場合の後者にあてはまることはいうまでもない。また、空也から三十年ほどのちの、寛弘年間（一〇〇四～一二）に京都で行願寺（革堂）を造立した革聖行円[33]も、遊行漂泊生活をおくる聖であった。

彼らは、古代律令国家体制が崩壊にさしかかった時代に、諸人に念仏・浄土信仰をすすめて活動した多くの聖たちの一人であったが、この空也・行円を含め聖には共通した性格がみられる。それは、既成顕密教団が貴族社会と一体となっていたのにたいし、聖は貴族よりも庶民層に接近した僧徒であったことである。

聖たちが庶民に接近したのは、貴族社会と結びついた顕密聖道門教団が仏教教理とはほど遠い現実にあったのを批判し、仏教本来の衆生済度を実現すべく民衆の間を出入したという宗教的理由や、聖の系譜につながる僧徒の多くが、農民や賤民的身分出身者であり、それゆえ庶民層に接近したという社会的理由などが考えられようが、それとともに見落とすことができないものに経済的理由がある。すなわち正式な僧位僧官をもたず、したがって律令国家からなんらの生活の保証を受けなかった聖たちは、いずれも安定した経済的基盤を有しておらず、一般庶民の援助によるほか、自己の生活を維持することはできなかったのである。乞食形態をとる聖、別所に集まり共同生活をする聖、地方民間寺院に居住する聖、職業をもつ聖ら[34]がみえるのは、こうした形態をとることにより生活の維持をせねばならなかったゆえでもある。つまり、聖たちは庶民の援助によるか、自己が職業をもつ以外には、生活の維持ができなかったといわねばならない。

このように、聖はその宗教的・社会的・経済的理由から、民衆に接近し布教活動を行なっていたのであるが、その際、具体的布教手段として使用されたものに、講、説教および勧進があった[35]。しかし、ここでみられる勧進は、単に浄土信仰の布教を意味する観念的言葉ではなく、人々から物質的喜捨を得る経済活動となっているのである。

治暦三年（一〇六七）の「讃岐国曼荼羅寺僧善芳解」には、勧進があきらかに経済行為を意味している記事がみえる。

勧進之勤尤可然　仍被奉奉加八木也[36]

このように勧進が経済行為を意味するようになったのは、当時の聖たちのありかたと不可分な関係を有していたと考えられるのである。貴族社会に生きる慶滋保胤や三善為康が、観念の世界で、あるいは文筆の上で志向したこと、すなわち勧進による浄土信仰の布教を、聖たちはその行動の上において具体的に表現していたのであるが、そこではもはや保胤や為康がもっていた貴族的観念は用をなさず、リアルな現実社会が待っていた。こうした現実社会に生きた聖たちにとって、勧進はつまるところ、教化と作善に名を借りた事業資金と生活資金の確保という経済行為を意味する以外の何ものでもなかったのである。

以上のごとく、聖の事業資金および生活資金の確保を意味した勧進は、それゆえに数多くの聖たちによって行なわれたのである。市聖空也も勧進活動によって造寺・造仏・写経を行なっており、皮聖行円も行願寺造営を勧進活動によって行なった。また、嘉保二年（一〇九五）に京都において、

浄土院　二月十二日造始　無縁僧寂能

勧進諸檀那、造立一伽藍、為諸衆生願、同共至菩提[37]

とある無縁僧寂能も民間聖であった。保延六年（一一四〇）に周防国において活動していた行人蓮如厳勝も経筒銘に、

周防国佐波郡仁井令石井寺日輪寺於書写供養已畢　行人蓮如厳勝　勧進也[38]

とあるごとく、写経勧進を行なっていた聖であった。

だが、ここで注意すべきは、これら一般の聖たちにとって勧進活動が重要な仏法修行のための事業資金確保の活動であったとしても、あくまで「市聖（阿弥陀聖）」「皮聖（修行聖人）」であり、また「無縁僧」「行人」であって、いわゆる勧進活動にたずさわる「勧進聖」ではなかったことである。

しかし、十一世紀後半から、こうした聖の中から勧進活動に従事する勧進聖なるものが出現してくるのである。管見のうちで、勧進聖の存在を知りうる初見は、承保二年（一〇七五）「珍皇寺所司大衆解案」であるが[39]、そこには「勧進僧催申」とあり、勧進僧と呼ばれる特定の僧侶が出現していることを示している。また、先にみた治暦三

年（一〇六七）の「讃岐国曼荼羅寺僧善芳解」にみえる僧善芳は、勧進僧なる名称は史料上で確認しえないが、後述するごとくあきらかに勧進聖であったと考えられるのである。この両記事をはじめとして、寛治元年（一〇八七）には豊前国にて勧進僧遍照(40)、寛治三年には筑前国にて勧進僧慶源(41)という勧進聖の存在が知られる。そしてその後も勧進聖は続々と出現し、やがて十二世紀に入ると大治三年（一一二八）には羽前国にて勧進僧良慶(42)、保延五年（一一三九）には岩代国にて勧進聖人静賢(43)の名前がみえ、その存在を東北地方にまで確認でき、ほぼ全国的地域にわたり活動していたことを知りうるのである。

b 勧進聖の生活と活動

既成顕密教団の外で活動する聖、その聖と総称される僧徒の中から、勧進聖という一つの特色ある聖の分化が起こってきたことを前項で述べたが、それを史料上で確認しうるのは十一世紀中ごろである。では、当時の勧進聖は具体的にはいかなる生活形態をもち、活動を行なっていたのであろうか。本項においてはその問題を考えてみることにする。

〈勧進聖の生活形態〉

まず、勧進聖がいかなる生活形態をとっていたかであるが、だいたい次の三つの類型に区分することができよう。

第一の形態として、地方の民間寺院に居住していた場合が考えられる。平安時代の寺院には、朝廷・貴族の造営になるもののほか、庶民の結縁を求め聖たちの手によって造営されたものがある。京都における空也の西光寺、行円の行願寺は、その代表的な寺院として知られている。だが、聖による寺院造営（その中には、道場と称せられる簡素な建物も含まれているが）は、単に京都で行なわれていたのみならず各地でみられる。某遊行聖が呼びとどめられて上野国府に道場を構え、地域の信仰を集めているのもその一例である。(44) このような地方民間寺院には多くの聖が集まり、地域における民間修行者のセンターとしての役割を果たしていた。北九州一帯も、国東半島・英彦山を中心として早くから聖の活動していた地域であるが、そこでも多くの民間寺院が存在していた。福岡県から出土した二つの経筒銘にみえる勧進僧良禅は、

豊前国規矩郡平等寺住僧良禅(45)

とあり、この地方の民間寺院の一つに居住する勧進聖であったことが知れる。

第二の形態として、霊山・名山と考えられていた山々に居住する場合が考えられる。この山岳霊場に多くの聖たちが集まり住んでいたことは、平安末期に後白河法皇が集成した『梁塵秘抄』にも「聖の住所はどこどこぞ、大峯葛城石の槌、箕尾よ、勝尾よ、播磨の書写の山、南は熊野の那智新宮」とあり推測しうる。これら聖たちの集団居住地は、一面からいえば別所にほかならないが、往生伝や寺院縁起等でとくに別所と呼ばれている所以外でも、山岳霊場には聖たちが集まり、集団居住を行なっていた。福岡県英彦山出土の経筒銘にみえる勧進僧厳興も、

彦御山僧厳興、筑前国鞍手郡日光寺山住(46)

とあり、もともと北九州の山岳信仰の中心である英彦山に居住していた勧進聖であっ

た。「御山」と呼んでいるのは、彼がこの山に住んでいたことを示している。だが、厳興が英彦山を出て鞍手郡にある日光寺山中に生活している姿から、彼が山から山へとめぐる山岳修験者的側面をもっていたことが判明する。史料上において厳興が、その時々の居住地を明記して活動しているのは、彼自身が本来的な根拠地を有さなかったからである。同じく福岡県の永満寺において写経にたずさわっていた勧進僧も「託摩山勧進僧[47]」とあり、やはり山岳修験者的性格をもっている。こうした山岳修験者的勧進聖は、のちの東大寺再興に際しても活動していたらしく『義経記』には「是は東大寺勧進の山伏にて候」とみえ、謡曲『安宅』にも山伏姿の勧進僧が登場する。こうした山岳修験者的勧進聖が実際に各地で活動したことが、かかる山伏姿の勧進聖を創出させる原因となっていたのである。

第三の形態として、地方民間寺院にも、霊山を中心とする山々にも居住することなく、遊行漂泊の生活をいとなむ勧進聖が考えられる。当時の勧進聖には、その出自のみならず居住地さえあきらかでなく、単に勧進僧・勧進聖と史料上に記されている場合が圧倒的に多い。おそらく勧進聖の大半が遊行漂泊的生活をいとなむ僧徒であったからであろう。これら諸国遊行の勧進の活動には、寺院修造・写経・造仏などがあった。このうちの寺院修造活動については後述することにして、最も多くみられる写経の活動をみれば、彼ら勧進聖は当時ようやく職業的分化をとげつつある手工業者を同行して活動を行なっていることがあきらかになる。寛治元年（一〇八七）の豊前国大野庄西明寺の写経に従事する勧進僧遍照は、鋳師頼源という人物を同行している(48)。この場合の頼源なる鋳師が在地の人物であるのか、中央の鋳師なのかは、史料上からは判明しない。だが嘉保三年（一〇九六）に肥前国にて勧進僧安増に同行しつつ写経活動を行ない(49)、経筒を作成した鋳師僧永源は、永久四年（一一一六）の京都における法華経経筒鋳造に結縁している(50)。この鋳師僧永源が諸国遍歴の鋳師であったことは疑いない。豊田武氏は、中世以前の鋳師が各地に遍歴流浪して活動を行なっていたことを指摘されているが(51)、そうした鋳師のある部分は勧進聖と同行しつつ活動していたのである。

以上、当時の勧進聖の生活形態は大きく三つに区分することが可能であろう。無論、それぞれはお互いに重複する側面を有し、勧進聖個々の場合には必ずしも厳密には区分しえない生活形態をとるものが存在しうることは予想できる。だが、こうした簡単な整理からでも、勧進聖たちの中には、地方民間寺院や山寺に居住しつつそこを拠点として勧進活動にたずさわるものと、純然たる遊行漂泊的生活を行ないつつ勧進活動に従事するものとがあったことは、あきらかになろう。

〈勧進聖の活動〉

十一世紀中ごろ以降における勧進聖の活動は、写経・造仏・寺院建立などに及び、それまで律令国家や特定の貴族により独占されていた仏教が、ようやく一般に解放されてきたことを示している。しかし、勧進聖の諸活動を経済的に支えた社会層は地方に土着した受領層や地方貴族たちであり、決して一般民衆そのものではなかった。例えば、永保三年（一〇八三）九月に大分県津波戸山で写経・造仏の供養が行なわれているが、それをみれば、

如法書写妙法蓮華経一部幷結縁集一遍集各一巻、如法図摺仏菩薩各百躰宝塔一基、
於中安置釈迦多宝二世尊像、左右扉普賢文珠種子書之、永保三年九月廿二日於津
波戸山供養之、願主釈尊遺法弟子永尊幷結縁大衆、
□末則
仏子観暹
僧兼寛
紀行則、僧静信
僧明元
秦氏　甲都氏
観縁
宇佐公相・尼妙深…（中略）…幷宇佐氏
藤原金岡
□清原氏所生男女等・紀行方・藤原基貞・藤原氏所生子清守氏・宇佐時則・宇

佐氏幷所生男子女子□

とあり、[52]この地方の大氏族である宇佐一族を中心とし、藤原一族・清原一族が結縁者であり、経済的援助者であったことが判明する。

では、こうした社会層によって支えられつつ行なわれた勧進聖の活動とは、具体的にはどのようなものであり、その特徴的事実は何であるのか、以下においてこの問いに最も明確な解答を与えてくれる寺院修造の場合を例にとり考察することにしたい。その素材として讃岐国曼荼羅寺修造と京都六道珍皇寺修造を提出する。

まず、讃岐国曼荼羅寺修造に際しての勧進聖の活動である。[53]すでに十一世紀の曼荼羅寺については、主として国衙との関係において経済史の立場から論じられている。なかでも西岡虎之助氏の「土地荘園化の過程における国免地の性能」は、最も詳細に曼荼羅寺について追求された論文[54]である。そこで寺院経済の具体的状態についてはそれに譲り、康平五年（一〇六二）の伽藍修造にたずさわった善芳という僧徒を中心に考えてゆくことにする。

この曼荼羅寺修造は、善芳が「仏法修行往反之次、当寺伽藍逗留之間」に寺の荒廃ぶりを見て、そこで再興勧進を行なったことから始まっている。

所不及幣力也、以此之旨、当前司勧催申之曰、状云、霊験之砌顕然也、勧進之勤尤可然、仍被奉奉加八木也(55)

とあるのがそれである。善芳が再興勧進を始めたのは康平五年であった。先の史料から、この曼荼羅寺再興勧進がまず国司のもとへ出かけ援助を申し込み、国司から米が奉加されたことがあきらかになる。そこで善芳は米を持って安芸国へ渡り、修造に必要な材木を買い求めて、同年十月十日に讃岐国へ帰って来た(56)。そして、次に善芳は修造に必要な大工を得ようとする。しかしこの年は国司の任期の終年にあたり「於御任終年公事忩々間、難得一人大工(57)」とあり、公事に大工がたずさわっていたため、修造工事ができなかったことがあきらかになる。

ところで、この善芳なる僧徒であるが、まず彼が元からの曼荼羅寺僧ではないことに注意する必要がある。このことは、先の史料で「仏法修行往反之次、当寺伽藍逗留之間」とあることからあきらかであろう。しかも善芳が「寺本願檀越者、彼大師入唐帰朝之後、所被建立之道場云々…（中略）…爰善芳倩思、大師智思之寺、遷化聖霊素音所也[58]」と表明していることから、彼が空海をその先達と仰ぐ、いわゆる民間聖であったことが推定できる。当時、諸国遊行の民間聖が空海らを先達と仰ぎ、その跡を巡歴していたことは堀氏も指摘されているが[59]、この善芳もそうした一群の諸国遊行者の一人であったと考えてほぼ問題ない。善芳がみずから「修行僧善芳[60]」と名乗っているのは、そのことを裏づけている。しかも、彼が国司の経済的援助を受け、安芸国へ渡り材木を買い求め、工匠集団を確保しようとし、さらに西岡氏も論じられているごとく、伽藍修造のため、曼荼羅寺寺領の回復を国衙、東寺（曼荼羅寺の本寺）に要求し実現を図っていることは、善芳が単なる仏法修行者ではなく、修造に関して経営能力をもつ勧進聖であったことを示している。曼荼羅寺が一介の遊行僧にすぎない善芳に寺院修造工事をゆだねたのは、彼がそうした特異な能力をもつ勧進聖だったからである。善芳が「修理僧善芳[61]」とも記しているのは、彼があくまでそのような伽藍修造活動に従事する僧徒であったことを物語っている。

しかも善芳は単なる勧進聖ではなく「愛弟子欲構仏聖燈油之儲施僧之労[62]」とあり、配下に弟子をもつ勧進聖であった。そして弟子が仏聖燈油田を設置して、僧の労に報いるべきだと主張しているのは、ここからの収入を善芳および配下の勧進聖が修造工事の反対給付として得るからではなかったかと考えられるのである。しかしながら、曼荼羅寺がいかなる経済的給付を善芳などに与えたかについては、明確な史料的裏づけを欠き、今のところ推定の範囲を出ない。

このように小規摸ながら集団を率いていた善芳は、修造工事を行なうため康平五年十月十七日に国衙へ工匠の確保を願っている。「有御道心、可然大工被召給[63]」とあり、この結果ようやく工匠集団の確保に成功した。また同月二十一日には東寺政所にたいしても「賜随分奉加、致修理之営矣[64]」という要求を提出している。善芳のこうした努力によって、この修造公事は五カ年後には一応の完成をみたようで、治暦三年（一〇六七）の善芳解文には「講堂一宇五間四面如本瓦葺改修建立已了」とあり、さらに

「大師御初修施坂寺三間葺萱堂一宇造立又了」[65]とみえる。

以上、善芳の活動にそって話を進めてきたが、この曼荼羅寺修造に際しては、ほかに善範という僧も活動している。この善範は鎮西の諸国から始めて修行し、曼荼羅寺、施坂寺に参詣した僧である。[66]彼も善芳と同様の諸国遊行の僧と考えられる。延久四年（一〇七二）の史料によると善範は曼荼羅寺修造勧進のため諸国を巡歴し、奉加を集めている。そしてこの勧進活動に応じた人々を記した勧進知識帳を東寺に提出した。[67]善範もまた諸国を遊行しつつ勧進活動にたずさわる勧進聖である。彼は善芳と協力して講堂・別堂・施坂堂等を修造しているが、このことは曼荼羅寺の場合のように大規模な寺院修造に際しては、各地を遊行していた勧進聖が集まり一つの勧進聖集団を形成しつつ活動していたことを物語っていよう。

次に、京都における勧進聖の活動を六道珍皇寺修造のなかで考えてみたい。この珍皇寺において勧進聖の活動を知れる史料は、承保二年（一〇七五）四月の「珍皇寺所司大衆解案[68]」である。それによると当時すでに有力なる援助者を失っていた珍皇寺は経済的困窮が著しかったことがわかるが、そうした珍皇寺の事情を背景として「件寺別当所望之輩、近例皆以御塔修造之功為宗」とあり、修造の功績によって珍皇寺別当に任ぜられる僧が出現していた。珍皇寺所司・大衆はこれらの僧を批判してはいるものの、現実に珍皇寺そのものが経済的基盤を失っている以上はいかんともしがたい現状にあった。この承保二年にも再び修造の功によって別当に任ぜられようとする僧が出現した。それが清水寺僧阿容であった。だが、阿容の別当補任については珍皇寺側も対抗し、もし阿容が珍皇寺別当に任ぜられるならば寺を放棄すると主張し、寺院修造に関して独自な代案を考えている。それが勧進聖の登用である。

若住真実道心者、非清水寺僧、他所名徳可被引汲級給、但被住遍道心、為延命者三箇年之間、昼夜前路上下且修行、勧進僧催申須被加一塵哉

とあることはそれを示している。

しかし残念ながら珍皇寺修造工事そのもののなかで、具体的にいかなる役割を勧進聖が担い活動したかはあきらかでない。だがこの史料上にあらわれた表現から判断す

れば、「須被加一塵哉」とある記事の「塵」という言葉が、現世・世俗を意味していることから、この場合の勧進聖の活動は俗人からの援助・修造に必要な資金面を担当するものであったと考えられる。[69] 時代は少し下がるが康和四年（一一〇二）三月の史料では、珍皇寺修造工事そのものは寺家によって行なわれている。[70] このことからも珍皇寺修造の場合には、寺家による活動のなかへ勧進聖が資金面を担当する形で参加したものであろうと推測しうるのである。

ところで修造勧進に従事する勧進聖と珍皇寺の関係であるが、両者の間に隷属的関係は成立していない。無論、彼は珍皇寺の寺僧でもない。勧進聖と珍皇寺の関係がそうしたものであるなら、勧進聖が修造資金を調達してくる以上は、寺家側はなんらかの形で報酬を与えねばならない。その内容はまったく不明であるが、この珍皇寺の場合にも寺家と勧進聖の間には一種の請負関係が成立していたと考える。おそらく当時の勧進聖は、日常的には人々の喜捨を乞いつつ生活し、特定の修造に参加することにより、その余剰利益を得て活動していたのではないだろうか。

以上、きわめて乏しい史料からではあるが、十一世紀後半から出現してくる勧進聖の活動を、寺院修造に関係した場合を例にとり具体的に検証してきた。そこで、この二例を前提として、そこから知りうる二、三の点について触れておきたい。

まず第一に、寺家修造に勧進聖が参加する場合、もっぱら資金面を担当する場合と造営工事そのものにも関係する場合があったことである。これが京都と地方という社会的・歴史的条件に由来するものかどうかについては、現在のところまったく不明である。

第二には、すでに十一世紀後半の段階では、小規模ながら配下に弟子をもつ勧進聖がみられ、しかも大規模な勧進活動に際しては、各地を遊行しつつ活動を行なっていた勧進聖たちが集まり勧進聖集団を形成していることである。

しかし、曼荼羅寺と珍皇寺にみられる勧進聖の活動には、種々の点で異なった様相を示しながらも、その基本的性格においては共通したものがある。それは、彼ら勧進聖による修造活動が一つの独立した請負事業として行なわれていないことである。それは、曼荼羅寺修造の場合、国司らの奉行の下に伽藍修造が行なわれ、国衙の承認、援助なくしては修造工事を行なうことが不可能であった事実[71]や、珍皇寺の場合には清水寺僧阿容の修造に寺家が対立・抗争するなかで勧進聖が登用されたものの、修造はあくまで寺の指揮・管理による工事であった事実が端的に示しているように、そこでは勧進聖の手腕がいかに発揮されたとしても、修造工事そのものは彼ら勧進聖の責任として行なわれたのではないのである。いまだ、勧進聖が全面的に修造事業を請負うまでに成長していないといわねばならない。ここで例にとった善芳にみられるごとく、寺院修造に必要な資材・資金の調達、工匠集団の確保、修造用木材の調達、運搬等々、のちの東大寺再興にあたった重源の勧進活動ときわめて近似した側面を有しながら、十一世紀後半の善芳と十二世紀後半から十三世紀初頭にかけて活動した重源の間には、この点で大きな差が存在するというるのである。

c 中世的勧進の成立

既成顕密教団が世俗化・権力化するなかで多くの僧徒がその現状を批判し離脱していった。聖はそうした顕密教団からの離脱者を中心に形成されていた。[72] これら聖の活動は、それまで支配階級の独占物としてあった仏教を一般民衆に流布する役割を果たしたが、勧進はその経済活動としてあった。そのため聖が勧進活動を行なっている例は数多い。だが十一世紀ごろから『新猿楽記』などにうかがえるように諸分野に著しい職業化の傾向がみられるなかで、勧進活動に従事しそれをもって職業化する僧徒があらわれてくるのである。それが勧進聖であった。

先に記した十一世紀がこうした勧進聖の出現の時期として特徴づけられるなら、次に来る十二世紀は中世的勧進の形成される時期とみなすことができる。では、いかなる理由で十二世紀を中世的勧進の形成期とみることができるのか、それを以下において論じることにしたい。

すでに前項でみたごとく、勧進聖の生活形態は地方寺院に居住する場合、山寺に居住する場合、諸国遊行の生活をとる場合等々があり、必ずしも一様ではなかった。だが、曼荼羅寺修造の場合のように大規模な勧進活動が必要とされるに際しては、勧進聖が各地から集まり、一つの勧進聖集団を形成しつつ活動していたことがあきらかになっている。無論、曼荼羅寺修造勧進に参加した善芳と善範とが、この時以前からすでに一つの集団を形成していたか否かは不明である。しかしこうした大規模な勧進活動を契機としつつ、各地を遍歴していた勧進聖たちが集まり集団化の道を歩んでいったことは疑いないところである。十二世紀に入ると勧進聖の集団化のあらわれとして、史料上に大勧進なる名称をもつ勧進聖の出現がある。

さて、鎌倉時代以降に史料上で大勧進とあるのは、一般的には大勧進職保有者を意味していると考えてほぼ間違いない。例えば、鎌倉時代初頭の建久六年（一一九五）に四天王寺大勧進に関する史料があるが、そこにみえる「此日召念仏三昧院住侶等、定仰院主事等、権大勧進第一円證、得前大勧進幸尊譲、可補之由仰下畢(73)」という前大勧進なる名称や、権大勧進はあきらかに大勧進職保有者を意味しており、大勧進職

（この四天王寺では念仏三昧院院主も兼ねる）の相続につき、大勧進幸尊から権大勧進円證への譲り渡しの内容を記している。また南北朝期の暦応二年（一三三九）に東寺修造のため「東寺大勧進職[74]」を受けた泉涌寺の我静は、その二年後の史料では「大勧進泉涌寺長老我静上人[75]」とあり、大勧進職保有者すなわち大勧進であったことがあきらかになる。

このように、鎌倉時代以降の大勧進が大勧進職保有者を意味するのにたいし、十二世紀にみえる大勧進は勧進聖集団の頭目的存在と考えられるのである。こうした大勧進は、吉野金峯山世尊寺鐘銘にみえる保延七年（一一四一）の大勧進上人道寂を初めとし、長寛元年（一一六三）の年記のある武蔵国高幡不動堂経筒銘の大勧進聖人弁豪[76]、承安元年（一一七一）の年記のある岩代国天王寺出土経筒銘にみえる大勧進聖人僧定心、同国米山寺蔵経筒銘にある大勧進聖人僧行祐などがある[77]。しかし、これらは管見しえた資料からあきらかになった大勧進たちであり、実際にはより多くの大勧進の活動が各地で行なわれていたに違いない。彼らの隻分布が近畿・関東・東北と広範な地域にみられることは、そのことを予想しうるのである。康治元年（一一四二）に九州の求菩提山（現在の福岡県国玉神社）でみられる勧進聖の活動は、

奉彫如法妙法蓮華経一部求菩提山供養畢

大勧進頼厳　小勧進勢実、

康治元年十月廿一日供養畢

同日堂供養了　大勧進雅財

十二神将　勧進行賀(78)

とあり、いくつかの勧進聖集団が集合して、写経・堂建立・造仏活動を行なっていることを示している。

そして、このような勧進聖集団が形成されてくるにともない、勧進聖の活動そのものも前代とは異なる新しい様相を示してくるようになる。それは、勧進聖の手になる全面的請負事業が行なわれることである。ここにみる康治元年の求菩提山で供養をした写経・造仏・堂建立が、そうした活動であったか否かは不明といわねばならないが、

ほぼ同時期の京都では、明確に勧進聖の手になる全面的な請負事業が行なわれている事実が知れる。すなわち四条橋架橋・清水橋架橋がそれである。

当時の京都では、それまで律令的秩序のなかに位置づけられていた商工業者の著しい経済的台頭がみられ、十二世紀中ごろには商工業者の集団居住地域を示す「町座」の名称が史料にあらわれてくる。すでに赤松俊秀氏が指摘されているごとく(79)、官設の七条市が市場町へと変容し、三条・四条にも町座が形成され、この時期の京都はいわゆる古代政治都市から中世経済都市への転換期にあたっていた。勧進聖たちによる活動も、そうした商工業者の経済的援助を受けつつ、一つの事業活動として成立するのである。

永治二年(一一四二)の四条橋架橋に際してみられる勧進聖の活動は、勧進聖が行なった独自な事業活動の最も早いものであった。

永治二年始、祇園四条橋、為勧進聖沙汰、亘之(80)(傍点筆者)

ここに提出した記事は、右のようにきわめて簡単な記載ではあるが、そこに含まれている内容は、勧進聖が四条橋架橋を目的とする資金集めのみならず、四条橋架橋工事をも全面的に指揮し、四条橋架橋という事業が勧進聖の手によってなされたことを意味している。

南北朝期の応安七年にも「四条川原橋事始云々、一向勧進僧沙汰也云々[81]」とあり、四条橋修造を始めているが、それはすべて勧進僧の沙汰にて行なわれるものであった。中世において四条橋が別名「勧進橋」と呼ばれ、勧進聖によって管理・経営される橋であったことは周知のところであるが、四条橋がこうした勧進聖による管理・経営される橋であった原因は、かかる修造のありかたに求められ、しかも四条橋の修造にたずさわる勧進聖の存在は十二世紀にまで遡ることができるのである。

また四条橋の下流にかかる清水橋も、ほぼ同時期に勧進聖の手によって完成されている。四条橋架橋勧進より四年前の保延五年（一一三九）六月に行なわれた清水橋勧進は次のように記されている。

清水橋、同六月十五日癸酉、供養之、洛中貴賤知識造之

鎌倉時代末から南北朝期にかけて書かれたと推定される『濫觴抄』では、この清水橋架橋勧進をもってわが国の勧進の先例とした[82]。無論この指摘が正しくないことはあきらかであるが、しかし『濫觴抄』の筆者によってこの架橋がわが国における勧進の先例と意識させられたのは、ほかならぬそうした勧進形態が中世勧進の一般的ありかたであったことを示している。その意味で四条橋、清水橋架橋勧進は、中世的勧進形態の出発点として位置づけられるのである。

このように、十二世紀中ごろにはすでに重源にみられるような勧進聖集団、および勧進活動形態の前提となるべきものが成立してくるである。

3節　大勧進職の成立——むすびにかえて

京都の四条橋・清水橋架橋が勧進聖たちの手によって行なわれ、九州の求菩提山において写経・造堂供養が勧進聖集団によっていとなまれていたころ、高野山でも聖たちによる寺院修造活動がなされていた。元来、真言宗の本拠であり、空海在命時代には栄えていた高野山も、延喜の末年には東寺長者の支配下に置かれ、正暦の大火で堂塔伽藍が炎上するに至ってのちは、とみに荒廃し、長保三年（一〇〇一）から長和五年（一〇一六）までの十五、六年の間は住山の僧さえいない状況にあった。その後十一世紀の初め祈親上人定誉が出て、高野山万燈会を復活し、御影堂において彼岸会を修し、ようやく復興への歩みを踏み出したのであるが[83]、それ以後の高野山修造を担って活動したのが念仏系の聖（初期高野聖）であった。

延久年間に南都興福寺の別所が設置され、山城の小田原から迎接房教懐が入山し、密教と念仏を兼修してのち、高野山は高野浄土として浄土信仰の一大中心地となり、平安時代末期にはすでに多数の念仏聖たちが集まり、いわゆる高野聖集団の形成をみていた[84]。高野山伽藍修造ももっぱらこれら高野聖たちの活動によって行なわれていたのであるが、重源が東大寺再興勧進に任命される七年前の、承安四年（一一七四）にこれら高野聖をはじめとする高野山住の僧徒によって後白河院政へ次のような解文[85]が提出された。

高野山住僧等謹解、申請院庁裁事、

請特蒙、天思、被停止長者非理政、

住僧等以十方檀那知識、擬造営寺

家政所……（下略）

これによると、高野山座主職を兼務する東寺長者の非政（年貢横領、修造費の横領）に怒った高野山の僧徒が院庁へ裁定を申し出ていることがわかるが、この際に高野山は寺院造営を、本来の寺領収入から、勧進による奉加物収入によってまかなおうとしているのである。

八十、九十之老僧等、不拝聖跡之造立而赴冥途、生前之遺恨何事如之哉、仍捧奉加帳、不嫌一枝一草、令勧進貴賤、令知識上下、可令造之由、山上山下一味同心。

ここにみえる「聖跡之造立」が高野山修造を意味していることはいうまでもないが、そこで勧進による造営方法を正式の修造活動として高野山が取り入れていることは、注意せねばならない。このことは、地方の民間寺院や中小寺院ばかりでなく、中央の大寺院においても勧進が正式の造営手段として取り入れられつつあることを物語っている。しかも、聖による勧進は、院庁にも正式な造営方法として認めさせるものであったのである。ここにおいて、すでに民間で成立していた勧進聖の活動は、中央の大寺院に公認され、時の政権をも承認させうる活動として成立する社会的基盤を得たのである。この高野山伽藍修造勧進は、東大寺再興勧進にも比すべき大規模な修造工事であり、そこで勧進活動が正式に取り入れられたことの歴史的意義は大きいといわねばならない。すでに重源の勧進活動を認める社会的背景は成立していたのである。

このように、重源が治承五年（一一八二）八月に東大寺造営勧進の宣旨を得て、東大寺再興勧進にたずさわる以前、高野山修造において勧進活動が正式に造営手段として公認される事態が起こっていた。そして、そのことは逆にいえば、この時期に至って初めて公的に勧進にたずさわる僧徒たちの利権が保証されてくることを意味するのである。こうした利権を明確化したものが、ほかならぬ勧進の主任者に与えられた大勧進職であった。

この大勧進職については、重源の補任をはじめとする東大寺大勧進職が有名であるが、四天王寺においても東大寺とはほぼ同時期に大勧進職が設けられており[86]、高野山においても大塔修造のため、鎌倉時代初期の貞応元年（一二二二）に勧進上人良印が大塔修造勧進の官符を得ている[87]。このように大勧進職は、平安時代末期から鎌倉時代初頭にかけて寺院に出現するのである。

註

（1）元興寺極楽坊が中世においてその寺院経済を維持しえたのは、広く庶民層に信仰を広め念仏講（七日念仏、百日念仏）を組織しえたからである。この念仏講に参加する庶民から喜捨を集めていたのが勧進聖であった。勧進によって造立された聖徳太子孝養像胎内には五千名を超える結縁交名者の名を残し、その交名状のほかに六百枚を超える千坏供養札と印仏を蔵していた。この一例をもってしても、いかに勧進が多くの庶民を結集するものであったかが知れるだろう。なお元興寺極楽坊については、五来重編『中世庶民信仰資料の研究』（法藏館、一九六四年）に詳細に論じられている。
（2）柳田国男「毛坊主考」（『定本柳田国男集』第九巻、筑摩書房、一九六二年）
（3）信濃の善光寺には今日においても大勧進なる機構が存続し、活動を続けている。
（4）『俊乗房重源史料集成』（奈良国立文化財研究所、吉川弘文館発行、一九六五年）が発刊され、重源研究の上で貴重な素材を提供し、これによって重源の全貌はほぼあきらかになった。
（5）南都仏教研究会、一九九五年
（6）『沙石集』巻五末、行基菩薩御歌事
（7）『東大寺続要録』造仏編
（8）同右。
（9）『真宗史料集成』第八巻、「叢林集」巻八
（10）『醍醐寺雑事記』巻十三
（11）田村圓澄「重源上人と法然上人」（註（5）『重源上人の研究』）。のちに「重源と法然」と改題し『日本仏教思想史研究』浄土教篇（平楽寺書店、一九五九年）に収録。これによると田村氏は、法然と重源との関係は、当時有名だった重源の名を浄土宗側の人々が利用し、法然と結びつけたと考えられている。私もこの意見に従いたい。
（12）堀一郎「十穀聖」（『我が国民間信仰史の研究』宗教史編、創元社、一九五三年）
（13）『東大寺文書』延慶三年二月東大寺衆徒奏状案（京大影写本九十冊4-29）

(14)『東寺塔供養記』建武元年九月にみえる修造関係の記事(大日本史料六の一)
(15)『園大暦』貞和三年八月十一日条
(16)北山茂夫「天平末葉における橘奈良麻呂の変」(『日本古代政治史の研究』岩波書店、一九五九年)の中において、北山氏は東大寺大仏造立・東大寺造営が、藤原奈良麻呂の権勢確立過程での事業の一つであったと主張されている。
(17)東大寺造仏に際して、行基の役割を論じたものは数多いが、なかでも北山茂夫氏の次のような主張は、東大寺造仏の本質とその中での行基の立場をあきらかに示したものであると考えられる。

　南都薬師寺の僧景戒は「日本霊異記」のいくつもの説話の中で行基を「隠身の聖」につらなるものとしてその行状をたたえているのに、大仏造立のための献身については何事も語っていない。そればかりでなく、上・中巻の序の記載を除けば、大仏そのものに言及した説話は一つとして見出せないのである。これは晩年の行基らの熱心な協力にもかかわらず、造仏そのものが本来、専制権力者の仕事であったというかくれもない特質を消極的なかたちで証明しているものではあるまいか。(註(16)「天平末葉における橘奈良麻呂の変」)。

　このように大仏鋳造が専制権力者の仕事であった以上は、いかに深くかかわろうとしても行基を中心とする「民間宗教家」集団は工事の中核を担えなかった存在であったといわねばならない。

(18) 大岡実「重源上人と天竺様」(註(5)『重源上人の研究』)
(19) 『満済准后日記』永享四年十月二九日条
(20) 『満済准后日記』永享六年九月十七日条
(21) 『満済准后日記』永享六年十月一日条
(22) 林屋辰三郎「法勝寺の創建」(『古典文化の創造』東京大学出版会、一九六四年)
(23) 「日本往生極楽記序文」(『群書類従』第五輯、伝部)
(24) 『続群書類従』第八輯上、伝部
(25) 沙門清海の項
(26) 沙門善法の項
(27) 奈良時代の天平十五年に聖武天皇によって発せられた「大仏鋳造の詔」は、一枝の草・一把の土をもって大仏造立の助けを人々が行なうことを記しているが、それは知識結による奉加をうながしたものであり、それにたずさわった行基の活動も知識を組織し奉加させるものである。三宝に喜捨することを知識と称する以上は、知識も勧進という言葉も、のちには同義語的に使用されている。だが、知識と勧進は本来は別の意味内容をもっていた。この両者の名称が時間的な差をもって出現してきたことを無視して論じては、いたずらに概念の混乱を招くばかりであろう。

なお、『平安遺文』四四〇八号にある「僧空海勧進疏」は、あくまで編者が付けた文書名であることをも指摘しておく。

(28)註(12)堀一郎『我が国民間信仰史の研究』宗教史編、一六頁。

(29)井上薫「ひじり考」(『ヒストリア』一号、大阪歴史学会、一九五一年)

(30)平田俊春氏の『平安時代の研究』(山一書房、一九四三年)によれば、座主・別当・講師は、延暦から正暦年間までは貴族階級出身の僧は三パーセントしか占めていなかったのにたいし、正暦から延久年間までには四八パーセント、延久から文治年間にかけては九〇パーセントを占める状態に至っている。

(31)註(29)井上薫論文

(32)「空也誄」(『続群書類従』第八輯下、伝部)

(33)『日本紀略』寛弘二年七月二十五日条

(34)これら聖の生活形態については、註(29)井上薫論文や『岩波講座日本歴史・古代四、平安仏教』に詳細が書かれている。これらを参照されたい。

(35)川添昭二「中世仏教成立の歴史的背景」(『日本歴史』九七号・九八号、吉川弘文館、一九五六年)

(36)『平安遺文』一〇二〇号

(37)『平安遺文』金石文篇、一四八号

(38)『平安遺文』金石文篇、二五六号
(39)『平安遺文』一一一〇号
(40)『平安遺文』金石文篇、一四三号
(41)『平安遺文』金石文篇、一四四号
(42)『平安遺文』金石文篇、二二四号
(43)『平安遺文』金石文篇、二五二号
(44)『法然上人行状絵図』第一七
(45)『平安遺文』金石文篇、一三一・一九〇号
(46)『平安遺文』金石文篇、一七六号
(47)『平安遺文』金石文篇、一七五号
(48)『平安遺文』金石文篇、一四三号
(49)『平安遺文』金石文篇、一五一号
(50)『平安遺文』金石文篇、一八六号
(51)豊田武『中世日本商業史の研究』〔増訂版〕（岩波書店、一九五二年）第一章
(52)『平安遺文』金石文篇、一三二号
(53)『平安遺文』一〇二〇号
(54)西岡虎之助『荘園史の研究』下巻一（岩波書店、一九五六年）所収。

(55) 註(53)と同じ。
(56) 『平安遺文』九八三号
(57) 同右。
(58) 註(53)と同じ。
(59) 堀一郎「山岳仏教の展開と修験者山臥の遊行的機能及び形態」(註(12)『我が国民間信仰史の研究』宗教史編)
(60) 註(53)と同じ。
(61) 『平安遺文』一〇〇五号
(62) 註(53)と同じ。
(63) 註(56)と同じ。
(64) 『平安遺文』九八四号
(65) 註(53)と同じ。
(66) 西岡註(54)論文の指摘による。
(67) 『平安遺文』一〇七七・一〇八八号
(68) 『平安遺文』一一一〇号
(69) この場合、資金という表現の中には、単に金銭のみならず米・布などの物品をも含んで使用している。

(70)『平安遺文』一四七四号
(71) 国衙と善芳の交渉については本稿でも若干は触れたが、西岡氏の註(54)論文には、より詳細に国衙と曼荼羅寺修造工事との関係が論じられている。
(72) 聖の概念が指し示す内容は、きわめて広範にわたり沙弥をも聖と称する場合がある。この聖については井上薫「ひじり考」(註(29)『ヒストリア』一号)に詳細に論じられている。
(73)『玉葉』建久六年九月三日条
(74)『東寺文書』暦応二年十一月二十四日(大日本史料六の五)
(75)『東宝記』暦応四年四月二十三日(大日本史料六の六)
(76)『考古界』四号(日本考古学会、一九〇一年)、二四六頁。
(77) 木崎愛吉編『大日本金石史』巻一(歴史図書社、一九七二年)、五九号、六〇号
(78)『平安遺文』金石文篇、二七七号
(79) 赤松俊秀「町座の成立について」(『日本歴史』二十一号、吉川弘文館、一九五九年。『古代中世社会経済史研究』平楽寺書店、一九七二年)
(80)『八坂神社記録』社家条々記録
(81)『師守記』応安七年二月十六日条
(82) 村山修一氏は『日本都市生活の源流』(関書院、一九五三)一三七頁で、この『濫觴抄』の記事は当時ようやく勧進聖の活動が世間に知られてきた結果として記されたものであると

理解されているが、私はより積極的に一つの歴史的意味をもつ記事として理解している。

(83) 五来重『高野聖』(角川新書、一九六五年)、九〇頁。

(84) 同右、九八頁。

(85) 『平安遺文』三六六八号

(86) 『玉葉』建久六年九月三日条

(87) 『高野山文書』貞応元年五月十二日付義時奉行状(大日本史料五の一)

第二章　東大寺大勧進職の成立

はじめに

　治承四年（一一八〇）十二月二十八日、平重衡の率いる南都征討軍によって興福寺・東大寺をはじめとする南都諸寺院は焼失した。世にいう南都炎上である。この事件はたび重なる兵乱に見舞われていた当時の人々にも大変な衝撃を与えたようで、九条兼実はその日記『玉葉』十二月二十九日の条で「当悪運之時　顕破滅之期歟」と、その心情を記している。

ところで、この南都炎上によって焼失した東大寺の再興を担って活躍するのが、のちに天平の行基、江戸時代の公慶とともに東大寺三大勧進聖人と称えられ、またわが国の勧進聖の祖とも仰がれた、俊乗房重源であった[1]。周知のように治承四年の南都炎上に端を発した東大寺の再建は、重源というたぐいまれな「器量」の持ち主によって、そのほとんどが遂行された大事業であったが、この重源の東大寺再建は単にその規模の大きさのみならず、東大寺の建築様式として有名な天竺様式の新開発や、運慶・快慶をはじめとする慶派仏師たちの活躍の場となったごとく、わが国の文化史上においても画期的な意味をもつものであった。

しかし東大寺再興というすでによく知られた大事業にもかかわらず、重源の参加した東大寺再建にはいまだ多くの未解決な問題が残されている[2]。筆者の関心に従っていえば、再興事業の中心的役割を担った重源がなぜこの再建に参加し、再興勧進の任についたのか、この点を取り上げてみてもいまだ定説とする見解はみられない。とくに重源の勧進については、勧進の本来の役割である再興資金の確保のみならず、再建事業の経済的基礎となる周防国、備前国など造営料国の経営、そこからの木材の採収・運搬、さらには実際上の工事の指揮をも行なうという、それまでの勧進にはみられない全面的請負者としての活動であったにもかかわらず、[3] そうした勧進活動そのものの方面からの検討はほとんどなされていない。そこで本稿においては、重源の東大寺大勧進職就任のもつ歴史的意味の解明を中心に、重源という人物および彼の東大寺再興勧進の実態に迫ってみたいと思う。[4]

1節　東大寺再興と重源

（1）東大寺再興事業の性格

東大寺の再建は重源というたぐいまれな「器量」の持ち主によって、そのほとんどが遂行された大事業であったことは疑いないが、従来の研究をみるとき、あまりにこの側面のみが強調されすぎていると思われる。たしかに重源の再興事業での活躍には特筆すべきものがあり、全面的請負者としての重源の活動なくしては東大寺再興をあれほど順調になしえたか、この点では先学の指摘されるとおりであろう。しかし東大寺再興という歴史的事業をもっぱら重源の個人的「器量」の問題としてのみ把握するということになれば、ここには重大な問題が残る。なぜなら平重衡軍による南都焼打ち事件に端を発した東大寺再興は、その出発から治承・寿永の内乱のさなかに行なわれた政治的・社会的意味あいの色濃い事業であったからである。それゆえ重源の東大寺再興勧進の検討を行なうについても、まず何よりも東大寺再興という事業そのものの性格を明確にしておく必要があろう。

さて、南都焼打ち事件は治承四年(一一八〇)十二月二十八日、南都興福寺の大衆鎮圧の命令を平清盛から受けた平重衡が、反平氏運動をくり返す興福寺をはじめとする諸大寺大衆征討のため南都に下行し、大衆鎮圧の手段として興福寺・東大寺以下の諸寺院を焼打ちしたものであるが、この事件は当時の南都をめぐる諸状勢からすれば、はなはだ政治的配慮に欠けた無謀な行動だったといえる。なぜなら平清盛の目的はあくまでも興福寺大衆征討にあったのであり、その限りでは九条兼実の「寺院を滅尽させぬ限りに於て、凶従の追捕を認め」るという立場と同じ立場に立つものであった。[5]しかし重衡軍はそうした清盛の意図に反し大衆領圧の手段として焼打ちの事態に至った。すでに永原慶二氏もあきらかにされているごとく、この事件は鎮圧の命令を発した清盛にとっても予期せざる出来事であり、この重衡の失敗にたいし清盛は深く絶望の感を抱いた。しかし事態が南都焼打ちにまで及んだ以上、それにたいする反平氏運動の激化を防ぐため、平氏は翌治承五年に急遽、東大寺・興福寺の僧綱以下を解任するとともに、寺領の庄園を没収することを宣言し、続いて平宗盛を総官として南都をはじめ五畿内・伊賀・伊勢・近江・丹波を軍政下に置くという非常態勢をとらざるをえないところに追い込まれていったのである。[6]このように東大寺焼失という事態は平氏政権にとり不測の事件といわねばならないが、これにより平氏と東大寺勢力の提携の可能性が失われ、対立が決定的なものになってしまったことはいうまでもない。そして、この焼失を契機として後白河院政が積極的に東大寺に進出することは注目される。

治承五年（一一八一）閏二月二十日、九条兼実のもとへ出向いた後白河院の院使藤原行隆（のちの造東大寺長官）は、院の仰せとして次のように伝えている。

> 東大興福両寺悪徒、依謀反事、被追討了、其後、寺領、及僧徒領、併収公之由、被下宣旨了、厳刑難宥之故也、其趣忽雖不可変、恒例仏事等、併退転、無過怠之禅侶等、悲歎此事、就中、東大寺大仏御身雖全、御首焼損遠近見聞之輩、莫不驚眼、雖如形可造掩仮仏殿之由、寺僧等、欲結構之処、寺領等没官之間、無力於経営云々、云彼云是、聞食歎不少、因茲、寺領并寺僧領等、如本可被返付哉、若然者、宣下之趣、似無始終、又悪徒等濫行、向後不可絶、仍暫不可及此沙汰歟[7]

ところで、ここで注意すべきは東大寺の困窮の様子が知れることもさりながら、後白河院の東大寺への態度が知られる点である。これによれば、院は東大寺僧徒の「造掩仮仏殿」ために宣旨によって没収された寺院ならびに寺僧領の返還を求める要望に、「宣下之趣、似無始終」という理由、「悪徒等濫行、向後不可絶」という理由により、これを躊躇しているが、そうした後白河院の態度の中に、平氏によって焼打ちされた東大寺はあくまで朝廷・院政の権威の象徴たる寺院であり、そこにおいてひとたび発した「宣下之旨」が意味をもたなくなる事態、また反院政的態度をとる「悪徒」たちの濫行が続く事態は容認しえないとする院の考えを見いだすことができる。東大寺再興の初期にあっては、表1に明白なように、再興事業は一方的に院政側のイニシアティブのもと押し進められ、東大寺側の参加はまったくみられない。東大寺再興にみられる、かかる変則的な事態が出現した真の原因は、おそらくこうした院の東大寺にたいする古代的なイデオロギーにもとづいていたと考える。

ここでもう少し推論を立てることが許されるなら、後白河院は承安三年（一一七三）に東大寺の寺領没収、諸経費公収という処置をとっている(8)。これについての実効性については疑問視されるが、九条兼実は官寺である東大寺にたいして院がかかる手段に出たことを「一旦被載宣旨之趣、後代有恥悲哉(9)」と述べた。偶然訪れた東大寺焼失を契機として、院は東大寺を自己の権威下に深く追従させようと望んだのであろう。た

表1　重源任命前後の東大寺再興

年	月・日	事　項
治承四（一一八〇）	12・28	東大寺焼失
治承五（一一八一）	2・5	造寺官により土木を計行、造仏人を定め仏像修繕を行ない、知識を勧めることを計画。『東大寺続要録』（以下『続要録』と略す）
	2月下旬	重源、南都に行き東大寺焼跡を見る。勅使下向を聞き参る。―?『東大寺造立供養記』
	閏2・20	行隆、院の勅使として兼実のもとへ行き、東大寺の没収寺領・僧徒領を大仏再興ため返却の望み東大寺側より出る、もし寺領・僧徒領を返却すれば宣旨の趣に反し、悪徒濫行が不絶になるが、いかにすべきかを尋ねる。『玉葉』
	3・17	行隆勅使として鋳師十余人を連れ下向。鋳師等大仏を実検し、力及ばずとして尻ごみをする。『続要録』
	4・9	重源、行隆のもとへ参り、勧進修復のこと談合―?『東大寺造立供養記』
	7・13	行隆、院使として兼実のもとへ参り、東大寺造営の費用捻出に苦慮していることを伝える。『玉葉』

（養和元）	8月	重源に東大寺造営勧進の宣旨があり、重源、勧進敬白文を表し、活動を始める。『続要録』
	9・30	十月六日に大仏鋳造始めのこと決定し、八幡宮・山陵等に奉幣使の発遣準備を進めるが、期日が近づくにつれ次第の沙汰かなわずとして延期すべきか迷う。『玉葉』
	10・3	行隆・隆職大仏鋳造のため南都下向を四日に行なうことを決定。『玉葉』
	10・4	東大寺勘文の件（おそらく奉幣使発遣のことか）延引することに決定。『玉葉』
	10・6	東大寺大仏羅髪三個を鋳造す。大仏鋳造開始。『玉葉』『続要録』
	10・9	重源、洛中の諸家を勧進。女院銅十斤、ほかでは銭千貫、金六両等奉加を受ける。『玉葉』
養和二（一一八二）	2・20	大仏の首の原型を土で作ること、鋳造材料知識物によりほぼ見込み立つ。『玉葉』
寿永元	7・22	行隆、大仏のことで南都へ下向。『玉葉』
	7・23	大仏鋳造技師選定に困難のところ、宋人陳和卿、重源の請を入れ大仏前にて修理の件を相談する。『続要録』『玉葉』 陳和卿は年来渡来中であったがこの年、帰国のところ、船が破損し鎮西に在であったのを重源が請う。

寿永二（一一八三）	1・24	重源、兼実に初めて招かれる。大仏鋳造の件、陳和卿により順調に進む。四月に首の鋳造にかかる予定を告げる。『玉葉』
	2・11	大仏の右手を鋳造する。『続要録』
	3・17	上醍醐大湯屋の鉄の湯船鋳造する。鋳師草部是助。『醍醐雑事記』
	4・14	醍醐三宝院内湯屋釜を鋳造する。鋳師草部是助。『醍醐雑事記』
	4・19	東大寺大仏の頭部の鋳造を始める。重源と陳和卿により方法を考案。陳和卿・弟の陳仏寿のほか五人の宋人、草部是助ほか十三人の日本鋳師参加。『続要録』

（註）?を付したものはその事実に疑問点が残っているもの。

だこの院の意図も実際にはその意に反し「関東以下諸国謀反」による追討兵粮米の徴収や、この年の記録的な旱魃のため、これ以上の経済的負担を農民にかけることは無理となり実行にまでは及ばなかった。[10] そこで実際の再興のための費用は勧進によりまかなうことになるが、東大寺再興の出発期には院政それ自身の経済力による再建が考えられていた事実は、はなはだ興味あるところである。

文治元年（一一八五）八月二十八日、東大寺再興事業はその第一段階を完了する。

東大寺大仏は頭部の完成と躰部の補修を終え、大仏開眼供養が盛大にとり行なわれることになった。供養法会は当時の東大寺別当定遍僧正を開眼師とし、左大臣大炊御門経宗の定める法会式にのっとり進められていった。この大仏開眼供養法会は、初めから「開眼師僧正定遍遅参殊甚[11]」という異例な事態のなかで進行されるが、法会の頂点ともいうべき大仏入眼の儀に至り、まったく異例の事態が出来した。居並ぶ公卿、南都諸大寺の僧侶の中で大仏入眼をほかならぬ後白河院自身がとり行なったのである。これについて九条兼実は、天平勝宝の例では波羅門僧正が入眼を行ない、今度の経宗の式では仏師が大仏入眼を行なう予定にもかかわらず、後白河院が入眼した事態の意外さに驚き、院は仏師かと強い語調でこの行動を評している[12]。おそらく兼実も法会式の制定者経宗もまったく予期しなかった後白河院の行為に違いない。こうした世人を驚かす異例の行動を後白河院があえて強行した背後に、この東大寺再興があくまで院政の主導権のもとに行なわれたことを、あまねく天下に誇示する姿勢が強くうかがえる。

東大寺大仏鋳造をめぐる技術史的研究により、東大寺大仏補鋳にあたり当初は明確な計画が立っておらず、一応の目安とされた計画も場当たり的なものであったことがあきらかにされたが[13]、にもかかわらず、院政はこの再興を強行している事実、それゆえ大仏補鋳にあたっては天平の創仏時には本躰鋳造後に行なった螺髪の鋳造から始めている事実[14]つまり技術的に最も容易な部分をとりあえず鋳造し世に大仏補鋳が開始されたことを知らせていること、大仏の首の原型造りの計画が三個の螺髪鋳造後四カ月以上も経って本格的に進められている事実[15]など、初期の再興には普通では考えられない事態がみられ、そうした東大寺再興の疑問は、以上述べてきた再興をめぐる院政の動向を知ることにより、初めて真の理解ができると考える。東大寺再興は、まさしく院政文化の掉尾を飾るにふさわしい大事業として出発したのである。

(2)「重源」像の再検討

東大寺再興は後白河院政の論理を借りるなら、あきらかに国家的事業として院政そのものが推進すべきものであった。再興の出発期に院政それ自身の力による再建が考えられていたことはそのあらわれである。しかし現実には、院政による力のみでは巨額の費用と資材、技術力が要求される再興事業の遂行は不可能であった。そこで重源が東大寺再興勧進に任命されることになるが、この再興事業に重源が参加するに至る理由[16]を考えようとする場合、実は二つの大きな障害が存在する。それは再興勧進に任命される以前の重源の姿がよくわからないことと、にもかかわらず、あきらかに一つの「重源」像ともいうべき拭いがたいイメージが存在していることである。

重源の前半生が彼の事蹟をも含めてよくわからない[17]にもかかわらず存在する「重源」像とは、重源が聖道門教団・教学を離脱した平安浄土門の僧徒である聖の系譜につながる人物だとする認識である。だが、聖という概念そのものが指し示す内容が広範にわたり沙弥をも聖と称する場合もある以上[18]、重源を聖の一員ととらえる諸見解においても、より具体的な重源認識には多少の差異はみられる。最も一般的に述べられているのは、重源は専修念仏者の系譜に含まれ、しかも法然流の念仏宗に近い僧とする見解である。しかし同じく念仏者ではあるが「法然は重源が棄てなかった聖道門と訣別した」とする見解もあり、[19] 重源の念仏を専修念仏者のそれとは区別されるべき性格のものとする説もみられる。また念仏の行者であるよりは、鎮魂呪術を基底とする山中浄土信仰の体験者たる重源の姿を説く見解[20]もある。このように重源を聖の系譜につながる人物とする諸説も、その具体的「重源」像を描くとなると必ずしも一致した定説を生み出すまでには至らない。

だが最も有力視されてきた法然推挙説も、これは、すでに有名になっていた重源の名をのちの浄土宗側の人々が利用し法然と結びつけたとする見解[21]が発表されており、小林剛氏は重源が法然の念仏門に深く心を寄せるに至ったのは、早くとも文治二年（一一八六）の大原談義以後のことであり、それ以前はまったく別な立場にあったのではないかと推察されている。[22] たしかに重源が浄土教の信奉者であったことは、彼の「南無阿弥陀仏」の自称号によっても知られ、これを認めねばならないが、例えば従来の「聖」重源説の裏づけとなるいくつかの活動は、重源の生涯においてはほとんどが晩年に属する出来事であることは注意する必要がある。なぜならそこでは晩年（少なくとも再興勧進に従事する六十一歳以後）の重源の姿が、はたしてそのまま若年・壮年の重源を正しく伝えるものか否かという事実確認の作業が残されているからである。具体的な指摘をすれば、重源は再興勧進の宣旨を受ける以前、醍醐寺に学ぶ僧徒であった。しかしこのことにたいする認識は、希薄だったといわねばならない。それゆえ醍醐寺僧としての重源がどのような活動を行なっていたのかは、ほとんど知られるところとはなっていない。

a　醍醐寺理趣三昧僧重源

保安二年（一一二一）に生まれた重源は『浄土寺開祖伝』によれば十三歳の時、醍醐寺に入山した。[23]そして十七歳で「修行四国辺」し、さらに十九歳で初めて大峯山に修行を行ない、また熊野・御獄・葛城山に修行に出かけている。[24]

すなわち醍醐寺に入山した重源は『醍醐寺新要録』金剛王院篇・法流血脈事に、[25]

聖賢三密房阿闍梨——源運金剛王院権大僧都又号摂津僧都淡路守輔明子——重源俊乗房

と明記されているように、聖賢の流れを引く醍醐寺仁海以来の小野六流の一つ金剛王院流の一門であった。ところでこの金剛王院流の属する醍醐寺小野六流は、小野曼荼羅寺僧仁海以来の伝統を誇る醍醐寺根本法脈であり、その教義の特色は、同じく真言宗門の仁和寺広沢六流とは性格を異にする、庶民出身僧侶の苦修練行による実質主義と法験主義に求めることができる。(26) その意味において真言宗の開祖空海の若年の苦修練行を色濃く受け継ぐ法脈といいうる。そこでは当然、諸国修行・山林修行は法脈を受け継ぐ若き僧たちの不可欠な修行として課せられていたのである。若き日の重源が空海ゆかりの地の四国修行に始まる山林修行を行なっていることは、金剛王院流の法脈を受け継ぐ立場にある僧徒としてむしろ当然の活動ではなかっただろうか。

　事実、これらの修行を終えた重源は立派に醍醐寺僧として一人立ちすることを許されている。そのことは「圓光院　請定　理趣三昧衆」の中に重源の姿を知ることによりあきらかになる。すなわち『醍醐雑事記』巻第十三紙背文書の第七紙裏に記された

仁平二年（一一五二）九月十二日の「圓光院　請定　理趣三昧衆」には、

　重源大法師奉

とあり、重源が三十二歳の時に醍醐寺理趣三昧衆として大法師位を受け活動している。また第二紙裏にも久寿二年（一一五五）九月十一日の「圓光院　請定　理趣三昧衆」が記され「重源大法師讃奉」とある。重源三十五歳の時である。さらに第三紙裏の保元元年（一一五六）九月十一日の「圓光院　請定　理趣三昧衆」にも「重源大法師讃奉」とあり、三十六歳の重源の姿が知れるのである。このように若き日々を修行に費やした重源は、三十歳代に入り醍醐寺理趣三昧衆として大法師の地位にあった。

わが国における三昧僧の発生は周知のごとく叡山四種三昧院に住持する僧侶にみられるのであるが、なかでも天台宗では法華・常行の両三昧堂が設けられ、朝題目・夕念仏を勤めたことで知られている。この三昧堂の設置は平安中期以後、他宗派にも及び東大寺、醍醐寺、高野山、法性寺、高山寺等々の諸寺院にも設置され[27]、東大寺には法華三昧堂[28]、真言宗派の高野山[29]、醍醐寺には理趣三昧堂が設けられた。ところでこうした三昧堂が法華・阿弥陀信仰を中心とする宗教活動を行なっていたゆえか、堀一郎氏が指摘されたように、平安時代には、いずれも一般の人々にとっては死者追薦のために勧修された場合が多かったのであり、その目的のために、とくに三昧堂が建立される場合も少なくなかったのである。(30) そしてこのような理趣三昧僧の一員として、醍醐寺僧重源は活動を行なっているのである。

　このように重源が理趣三昧僧として活動していることを知るなら、小林剛氏が『俊乗房重源の研究』で重源の前半生の仕事と推測され、きわめて重要な活動とされた下醍醐栢杜堂の造立、すなわち『南無阿弥陀仏作善集』醍醐寺条の「奉造立」の最初に記載される、

　下酉酉（マヽ）栢杜堂一宇并九躰丈六

の九躰阿弥陀像の造立の意味や、最近の発掘調査によりあきらかになった栢杜堂の実態、すなわちこの栢杜堂が一辺十八メートルの三間四方の建物であり、中央部に四本の柱をもつ正方形の建築であったこと。(31) つまり栢杜堂があきらかに常行三昧堂形式を

もっていることの意味は、おのずからあきらかになるのである。また『俊乗房重源史料集成』において醍醐寺時代の事蹟と確認されている、応保二年（一一六二）五月二十七日ごろの、右大臣久我雅定の遺骨を醍醐寺一乗院本堂床下に埋葬するに際して重源が参加・結縁している活動も、三昧僧が当時死者追薦のため勧修することが多かった事実を考えるとき、重源にとっては決して異例の行為であったとは思われない。同じく醍醐寺時代の活動と推定される醍醐中院堂の懸額に結縁した行為も、この中院堂が『醍醐雑事記』巻第四に、

一　中院三間四面檜皮葺又号往生院

とあり、「往生院」と別称される建物であったことをみれば、これに結縁している事実も重源にとっては当然の活動であった。さらに『南無阿弥陀仏作善集』醍醐寺条に、

奉結縁　慈心院塔

とある慈心院塔造立への結縁行為も、『醍醐雑事記』巻第二に、

一　慈心院塔者　自粟田壊渡之　所立長官藤原重兼朝臣之墓上也　堂一間四面

阿弥陀丈六安置之

とあり、藤原重兼の墓上に造立されたきわめて死者追薦の意味あいの深いものであったことが知れる。つまりこれら納骨結縁・往生院懸額結縁・死者追薦のための造塔結縁の事蹟の一つ一つは、それぞれ分立した活動だったのではなく、まさしく醍醐寺時代の重源の本領を発揮するものばかりなのである。さらにいえば、安元二年（一一七六）に高野山延寿院に銅鐘を勧進・施入した有名な行為も、

高野山延寿院

奉施入鐘一口

為僧照静僧聖慶源時房

尼妙法兼法界衆生也

安元二年二月六日

勧進入唐三度聖人重源

願主尼大覚

と銅鐘銘文にあることにより、重源と因縁浅からぬ栢杜堂の建立本願中院師行の二男源時房、三男聖慶およびその縁者と推測しうる人々(32)の菩提を弔うものであったことが知れ、これもやはり醍醐寺時代の重源の活動の延長線上で考えられるべき行為として位置づけることができる。

b重源の入宋

醍醐寺理趣三昧僧としての事蹟と関連して、重源の再興勧進就任以前の重要な事蹟に入宋がある。先の安元二年の「高野山延寿院銅鐘銘文」には「勧進入唐三度聖人重源」とみえるが、これについては入宋を話術たくみな重源の所産として疑問視するむきもあり(33)、入宋を認める論者も仁安二年（一一六七）から翌三年の渡海しかあきらかにされていない。従来のごとく聖的側面を強調する立場からすれば、重源の三度にわたる入宋の姿はあまりに懸隔たった事態として把握されてもいたしかたないところである。

しかしこの入宋については小林剛氏がきわめて重要な指摘を行なわれた[34]。すなわち氏は、重源が実際に三度入宋した事実は残されたわずかな史料からでも推定できるとし、そのことを具体的にあきらかにされている。その要旨を紹介すれば、(1)従来、重源入宋については仁安二年の入宋、翌三年の帰朝の例のみ知られているが、(2)重源がみずから九条兼実に語った『玉葉』寿永二年正月二十四日の記載によれば、重源の入宋の目的の第一は五台山に拝登することであったことがあきらかになる。ところが五台山地方は一一五二年ごろから燕京に都した金により占領されており、重源の目的は達せられなかった。したがって止むを得ず宋の統治下の天台山・阿育王山に参詣したと重源は表明している。そこからこの入宋が金の燕京進出からあまり年月の経ったことは考えられず、重源の三十歳を少し越えたぐらいのことになり、これが第一回の入宋と思われる。(3)文治元年の「重源敬白」文では、重源は五台山に詣で文殊菩薩像を拝んだことを記している。このことは(1)・(2)以外に入宋し、本来の目的地の五台山に参詣しえたことを意味する、というものである。

ちなみに金の燕京進出はわが国の仁平二年（一一五二）であり、金は一一六一年、さらに汴京（南京）に遷都している、この金朝と南宋との対立が一応の終わりを迎えるのは、金の世宗が南宋との国交回復に努め一一六五年に和議が締結されてからである[35]。それゆえ重源が五台山に参詣した(3)の入宋は一一六五年以降、しかも仁安二年（一一六七）から翌三年（一一六八）の入宋期間を除いた時期となる。この場合(3)の入宋を(1)の入宋以前とすると、重源は金・南宋の和議が成立した一一六五年か一一六六年に入宋し、さらに一一六七年にも入宋し翌一一六八年に帰国したと考えねばならず、当時の実情からすれば不可能に近い渡航を行なったということになる。私はそのことから推して(1)の入宋の後のある時期に、あらためて(3)の入宋があったと考える。それゆえ小林氏の指摘された三度の入宋は、第一回目が(1)の天台山・阿育王山に参詣した入宋、第二回目が仁安二年から翌三年に天台山・阿育王山に参詣した入宋、第三回目が五台山に詣でた入宋、というように順序立てることができると思われる。

ところで、ここであきらかにしておきたい興味深い事実は、重源の「渡海の本意」

が天台山・阿育王山の参指ではなく五台山への参詣であった点である。周知のように天台山・五台山はいずれも中国の宗教活動の中心地であったが、なかんずく最澄の学んだ天台山は、わが国の天台宗僧徒にとり最も重要な聖地と考えられていた。かつて円仁が天台山への巡礼を願って許されず、止むを得ず五台山・長安にとどまり密教の受学に努めた事実は(36)、天台宗僧徒にとり天台山のもつ意味がいかに大きかったかを端的に示すものである。これにたいし、五台山は空海に真言密教を伝授した長安青龍寺の恵果阿闍梨の師・不空金剛の根拠地として知られる聖地である。不空はこの地を真言密教の拠点として活動を行ない、長安に大きな勢力を張っていたことはよく知られている。それ以来、五台山は真言密教の最も重要な聖地として、また文殊信仰の中心地として、わが国の真言宗僧徒にとり忘れることのできない地であった。それゆえ重源が一貫して五台山への奉礼を渡海の本意としていたことは、醍醐寺僧としてむしろ当然なのかもしれない。入宋はこのように、真言宗僧徒としての重源の姿を浮び上がらせるのである。

しかしこの本意を達成することは容易ではなかった。第一回の入宋では重源の意図に反し天台山・阿育王山に参詣することにとどまった。第二回目は栄西との同行にて天台山・阿育王山に拝登した仁安二年の入宋である。この時は金・南宋和議の直後のことであり、第一回入宋と同じく天台山・阿育王山に参詣していることをみれば、重源はこの和議を知らなかったようである。だがこの入宋には、ほかにも重要な意味があった。すなわち栄西との同行である。『東国高僧伝』巻九「重源伝」によれば「仁安二年、入大宋　遇明菴西禅師干四明」とあり、重源と栄西は、日本から同行し渡海したのではなく、中国四明において落ち合っている。推測ではあるが、すでに入宋経験のある重源が初めて入宋する栄西[37]の先達として入宋し、「同登天台・還育王山、礼舎利、明年秋、同帰朝」と案内役を務めたのではないだろうか。のち初代東大寺大勧進職になった重源と、二代東大寺大勧進職に任命された栄西との出会は、ほぼこの時期あたりではないかと考える。結局、重源が渡海の本意を達成するのは、和議成立を二回目の入宋で知り、あらためて北の五台山へ渡海する三度目の入宋においてである。

このように重源は第一回・第二回の入宋においては五台山ではなく天台の聖地たる天台山および阿育王山に赴いている。だが、このことは重源の本意とは少々その趣きを異にすることであったかもしれないが、決して無駄なことではなかった。なぜならのちに「南無阿弥陀仏」の号を称え、熱心なる浄土信仰の信奉者となる重源の、一つの大きな契機が、こうした入宋のなかで芽えてきたように思われるからである。

三度の入宋を果たした重源は、帰国したのち活発な活動を始める。本格的に都鄙を往還し、衆生を利すことに努め、念仏を勤めるのである。『南無阿弥陀仏作善集』の、

信濃国参詣善光寺一度者十三日之間満百万遍　一度者七日七夜・勤修不断念仏

初度夢想云金色御舎利賜之　即可呑被仰仍呑畢　次度者面奉拝見阿弥陀如来

という信濃善光寺への参詣も、善光寺側の史料を参考することが許されるなら「東大寺大仏上人俊乗坊渡高麗国……其後俊乗坊帰朝而急詣善光寺云々[38]」となり、帰国後の活発な活動のなかに位置づけることができると思う。また重源が再興勧進に任命される以前、すでに高野山に住することがあったことは、

伏惟　仏子早出二恩之懐　久求一実之道　初住醍醐寺　後棲高野山(39)

とあり知られるが、空海入定の地として真言宗僧徒の修行・学問の場であった高野山に住し、平安中期から発生した高野山浄土思想のもとで本格的に念仏を勤めるに至ったのも、この時期ではなかったかと推定するのである。

c東大寺再興勧進任命

前項において東大寺再興勧進に就任する以前の重源の事蹟を跡づけながら、従来の「重源」像が必ずしも真の重源の姿を示すものではないことを記してきた。そこであきらかになったことは、醍醐寺理趣三昧僧としての重源の姿の占める比重が、再興勧進に従事する以前の重源を考える場合、大きいことであった。重源の入宋もこの醍醐寺僧としての「重源」像から逸脱した行為でなかったこともすでに記した。この三度にわたる入宋は結果として重源に、従前の日本的法華・阿弥陀思想に加え中国天台・真言思想をも学ばせることとなり、そのほかに宋の進んだ建築技術や美術をも学びとらせる機会ともなったのである。重源が入宋で新様式の建築や美術に接し学んだことは、建築様式としての天竺様の開発や重源の将来した仏像・仏画類[40]を見ればあきらかである。おそらく入宋後の重源は真言・天台・浄土思想を兼帯し、さらに宋の新知識・技術を身に付けた僧侶として、入宋以前とは異った評価がなされていたと思われる。

さらに重源が醍醐寺理趣三昧僧として結縁・交流した人々をみれば、のち興福寺別当となった雅縁の父右大臣久我雅通や、中院師行、師行の子で早くから名僧のほまれが高かった東大寺得業東南院の聖慶などが知られるのである。このことは重源が決して都の貴族社会や南都仏教界と隔絶したところに位置していたのではないことを示唆している点で注意する必要がある。しかも、重源の属する醍醐寺は四十代東大寺別当に就任した延僘に始まる、東大寺と深い関係を有する寺であった。重源が東大寺再興勧進に任命された時期と最も近接したころと推定しうる高野山時代の重源の事業として、高野山新別所の設立があるが、『南無阿弥陀仏作善集』にみえる高野山新別所期の重源は「湯屋一宇在鉄船并釜」という浴場念仏や「三重塔一基奉安置銅五輪塔一基、塔一基、高一尺二寸、長八尺奉納中水精納仏舎利五十一粒」とみえる舎利信仰などとともに、「三寸阿弥陀像一躰并観音勢至唐仏」「三尺皆金色阿弥陀像并観音勢至」「十六想観一鋪」「釈迦出山像一鋪但紙仏」などにより阿弥陀・浄土信仰、「八大祖師御影八鋪」「四鋪不動尊一鋪」により真言密教、「良弁僧正御筆見無辺仏土功徳経一巻」による華厳信仰という、多岐にわたる信仰思想をもっていたことが知れる。なかでもここにわが国に華厳宗を広め、天平の東大寺建立に尽力し、東大寺初代別当に任命された良弁僧正の名が記されていることは、醍醐寺と東大寺との深い関係、そのなかで育った重源の考え方を知る上で、はなはだ興味ある事実といえよう。おそらく重源にとって良弁以来の伝統をもつ東大寺の焼失は、見逃すことのできない精神的打撃であったと思われる。東大寺再興勧進に従事する重源側の理由はおそらくこのあたりに見いだすことができるのではないかと考える。

　しかし重源個人の感情がいかなるものであったにせよ、それのみでは重源が東大寺再興勧進に就任する理由にはならないことはいうまでもない。たしかに他の人物と比較すれば、重源には再興勧進を遂行するに最もふさわしい環境と力量と熱意があったと思われ、相対的な可能性があることは疑いない。だがここで忘れてならないことは、東大寺再興が院政の国家的事業として出発したことである。この東大寺再興の性格についていては先に記したが、『玉葉』文治二年（一一八六）二月二日の条には、すでに十一世紀初頭の間にその姿を消したはずの律令的官営修造機構である「造寺所」[41]（東大寺造寺所）の名称がみえていることなどからも、この再興事業の性格を知ることができる。このような東大寺再興の全面的請負を重源にゆだねることが、重源の東大寺再興勧進就任の意味である以上、後白河院政に重源を任命すべき積極的な理由を見いだす必要があると思われる。入宋によって重源が新技術・新知識を学んでいたこと、重源が醍醐寺時代に貴族社会・南都仏教界と交渉があったことも、重要な要因と考えられる。そしてそれらに加えて、重源の出生した家系も忘れることはできない。播磨浄土寺蔵の『浄土寺開祖伝』をはじめ諸記録に従えば、重源は紀氏一門の出身であることが知れる[42]。『群書類従』巻第六十二所収の「紀氏系図」、『続群書類従』巻第百六十八所収の「紀氏系図」によれば、重源は池別当又は紀別当と称せられた紀季輔の孫にあたり、父は紀季重であった。ところでこの重源の家系で注目したいことは、父の季重が瀧口左馬允であり、兄の紀季康が従五位下蔵人所瀧口で鳥羽院武者所と記していることである。このことは重源の家系が院政ときわめて近いものであったことを示している。つまり重源は院の武士の家に生まれ、育った人物なのである。おそらくはこの点こそが、複雑な政治状勢のなかで重源を東大寺再興勧進に任命させる決定的な理由となったのではないだろうか。

2節　東大寺再興勧進

(1) 東大寺再興勧進集団

東大寺造営勧進に任ぜられた重源は、治承五年八月に至り、東大寺知識の詔書を捧げ、実際の勧進活動の任に就くが、その場合、重源の任務の中には、

任礎石於旧製　採山木以致造営　撰鎔範於良工　聚国銅以欲修補[43]と、東大寺諸堂再建と並んで良き鋳物師を選び大仏鋳修を行なうことが明記されている。このことは大仏鋳造の技術的問題の解決が、再建用の材木採収、鋳造用の銅の確保とともに、造営勧進に就任した重源の当面する課題であったことを示している。だが大仏鋳造の技術的課題は重源にとっても困難な問題であった。大仏の鋳造始めとされたものの実態が、前記したように頭の螺髪三個の鋳造であることは、それを示している。

しかしこの間、重源は一方では洛中を勧進し、後白河院や女院をはじめ諸家から「銅十斤　他所或銭一千貫文　若金六両[44]」という奉加を受けており、その結果、養和二年（一一八二）二月ごろには「東大寺大仏御首事　以土可造形云々　用途大略以智識物成寄之由　重源聖人令申云々[45]」と、頭部鋳造費は勧進の奉加物でまかなえる見通しを立てている。残る問題は技術者を探すことのみであった。寿永元年（一一八二）の宋国鋳物師陳和卿との出会いは[46]、その意味で偶然の出来事ではなかった。東大寺大仏補鋳が本格的に開始されるのは『東大寺続要録』造仏篇の「寿永二年二月十一日、大仏右御手奉鋳」以後であり、同年四月十九日からは大仏の首の鋳造にとりかかっている。(47) 重源はこれにより寿永元年から二年ごろに大仏鋳造の見通しを明確にもったことになるが、その場合、宋人陳和卿の参加が重源の自信の裏づけとなっていることは、あきらかである。このように重源は再興勧進の遂行のため、必要な人材を勧進に参加させているが、実はこうしたことは東大寺再興勧進の全般をみるとき、単に陳和卿のみにいいうることではない。

例えば、再興事業が本格化してきた時期、源頼朝とともに東大寺再建の経済的援助者となった奥州の藤原秀衡は「諸人施入有少々之上、頼朝千両、秀平五千両奉加之由所承也(48)」という巨額な奉加を約束しているが、この秀衡の援助の背後には、

是請重源上人約諾　東大寺料為勧進沙金　赴奥州　以此便路巡礼鶴岡云々　陸奥守秀衡入道者　上人一族也(49)

と『吾妻鏡』にみえる西行法師の新たな参加を忘れることはできない。

源頼朝との関係においても同様であった。頼朝が東大寺再興に援助を与えたのは、前記の寿永三年（一一八四）六月の「頼朝千両」施入が最初であるが、文治三年（一一八七）三月には造営用の材木運搬に際して、周防国の地頭に、妨害せずこれを援助するよう命令を下し、(50) 文治四年二月には東大寺造営については重源に全面的に協力する旨を申し渡している。(51) これにたいし重源も頼朝の政治的・経済的援助を期待するところ大であり、文治四年三月十日に鎌倉に到着した重源書状には、

当寺修造事　不恃諸檀那合力者曽難成　尤所仰御奉加也　早可令勧進諸国給　衆庶縦雖無結縁志　定奉和順御権威重歟

且此事奏聞先畢者　此事未被仰下　所詮於東国分者　仰地頭等　可令致沙汰之由被仰遣(52)

と、東大寺再建は諸檀那の合力なくては達成しがたい旨が申し述べられている。だがこの書状から重源が諸檀那の中でもとくに頼朝の権威・経済力・支配力に期待していることはあきらかである。「幾内《（ママ）》・幾国《（ママ）》　西国方ハ　細々ニ勧進の御沙汰可候に候、

関東方ハ、頼朝勧進御使として可相励候也(53)」という頼朝の言葉は、こうした重源の期待に呼応したものであった。このように頼朝の再興事業にたいする援助はなみなみならぬものがあったが、重源と頼朝との協力関係の背後に両者の間の橋渡し的役割を果たした僧がみられる。前述した西行法師や鎌倉政権に信任厚かった入宋同行の僧栄西なども大きな役割を担っていたと推測されるが、より勧進活動の実際に即して活躍した人物に文養という僧侶がいた。『古文書時代鏡』に所収されている「大江広元筆奉書」には、

頼朝（花押）

奉加勧進しつへ（べ）からんひしりのま心ならむ一人急可令沙汰進給也　奉加のものとも沙汰して為令進給也　兼又酒勾太郎ニハ田のなにとかやとり候なるをは　件免田の分をハ一切不可取之由昨日被仰合候了　可令存此旨給之状如件

二月十五日　　広元

文養御坊

とみえ、文養が頼朝よりの奉加、その受けとりのための僧徒の巡遣、頼朝への田地・作物押領の訴えなどの鎌倉政権と重源の間の実務を担当し遂行していたことが知られる。現在のところ文養については重源の配下にあった僧[54]という以上にはあきらかにしえないが、従来は重源の影に隠れて忘れられていた再興勧進の実際を担って活躍した勧進僧の活動の一端を知るものとして注目したい。文養およびその下で活動する無名の「ひしり」(聖)の果たした役割は、決して小さなものではなかった。

このように東大寺再興は重源を中核とした、東大寺再興勧進集団[55]とも呼ぶべきものによって推進されていたが、それでは再興勧進集団の規模・運営はどのようなものであったのだろうか。『東大寺造立供養記』寿永二年(一一八三)四月十九日条には、鋳物師陳和卿をはじめ宋人鋳物師七名、鋳物師草部是助をはじめ日本人鋳物師十四名とともに「大勧進上人以下同朋五十余人」とあり、再興勧進の初期には勧進僧・技術者を合わせ総勢七十余人の規模であったことが知れる。重源はこうした勧進集団をそれぞれの事業目的によって再編成し運営していたようで、同じく『東大寺造立供養記』

の諸堂再建用材の採木のため周防国へ下向した際には「大勧進以下十余人、并宋人陳和卿、番匠物部為里、桜嶋国宗等[56]」と、配下の勧進僧の五分の一および技術者たちが同行しているのである。

(2) 再興勧進にみられる二つの形態

ところで、こうした東大寺再興勧進集団を詳細に検討すると、実は二つの異なった組織形態がみられることは注意せねばならない。すなわち『東大寺造立供養記』の周防国下向に際しての記事の中に、

当時長官左大弁藤原朝臣行隆之子息　為上人之弟子也　大勧進上人以下同朋五十余人　鋳師七十二人[57]（傍点筆者）

とみえる、重源との関係が「弟子」「同朋」として把握されている勧進集団である。これが第一の勧進集団の形態であるが、この第一の形態の特徴は「弟子」「同朋」という言葉で端的にあらわされているように、重源との結び付きが私的な関係によって

成立していることに求められる。『吾妻鏡』にみられる室生の舎利事件を起した空躰についても、

去此東大寺上人重源弟子空躰宋人云々

とあり、[58]同様の関係によって結ばれていることが知れる。さらには播磨国大部庄を陳和卿より譲り受けた重源が、その地の預所職に如阿弥陀仏・観阿弥陀仏の二人の配下の僧を任じているが、この両人は、

和卿同以寄付大仏御領　一向為南無阿弥陀仏進止　仍以年来同行如阿弥陀仏与観阿弥陀仏両人所令補預所職也[59]（傍点筆者）

とあり、重源とは「年来同行」の僧徒であったことがあきらかになる。そしてこのような重源との私的な関係にもとづいた勧進集団の中には、大仏鋳造を担当した陳和卿や周防国へも同行し東大寺諸堂の造営に力を発揮した番匠の物部為里・桜島国宗なども含まれると思われ、[60]さらに重源の勧進に協力し藤原秀衡のもとへ赴いた西行法師も、それが重源との個人的約束によって実行された活動であったことを考え合わせればや

は り含まれるのである。彼らは「弟子」「同朋」「年来同行」という言葉によって知りうるように、いずれもが重源という個人との私的な連繫によって編成された人々であり、ここにみられる第一の勧進集団は、あくまで私的な組織ということができる。

ところが、こうした第一の形態とは異なった勧進集団のありかたを予想させる史料がある。それは建久八年（一一九七）十一月二十二日の年記のある周防国阿弥陀寺の鉄塔銘文である。そこには、

建久八年丁巳十一月二十二日
本願造東大寺大勧進
大和尚位南无阿弥陀仏
小勧進大徳観西
大徳照円(61)

と記されており、この鉄塔が本願である重源のもとで、小勧進の地位にあった観西・照円が勧進活動を行なったことを示している。すでに先稿において指摘したが、大勧

進なる名称は十二世紀の保延七年（一一四一）にはみられるが、この段階での大勧進は勧進聖集団の頭目的存在であった。これに対し平安時代末から鎌倉時代初頭にかけて勧進活動がしだいに正式な造営手段として公認されていくに従い、勧進にたずさわる僧徒たちの利権もしだいに保証されるようなり、その主任者には大勧進職という名称の利権保証が与えられるようになっていた[62]。それゆえ鎌倉時代以降に史料上で大勧進とあるのは、一般的には大勧進職保有者を意味していると考えてほぼ間違いないのである。この場合の重源も、後述するように、あきらかに東大寺大勧進職保有者だったのである。つまりこの周防国阿弥陀寺の例は、大勧進職保有者たる重源のもとに編成されている小勧進観西・照円の活動として把握することができるのであり、第一の形態のような私的・個人的原理で編成された勧進集団としてではなく、「大勧進―小勧進」という階梯的組織原理で編成された重層的構造をもった公的な勧進集団として理解することが可能なのである。

東大寺の例ではないが『玉葉』建久六年（一一九五）九月三日の条には、大勧進職保有者のもとでの勧進集団が階梯的原理にもとづいて編成され、重層的構造をもっていることを傍証する四天王寺の例がみられる。

此日　召念仏三昧院住侶等　定仰院主事等　権大勧進第一円證　得前大勧進幸尊譲　可補之由仰下畢　又依天王寺別当言訴　朝海・覚遍已上雖停所帯、権勧進職不及房舎田地没収

これによってあきらかなように、四天王寺の場合には建久六年の時期にはすでに「大勧進」「権大勧進」「権勧進」という勧進の階梯的組織が整備されていたのである。しかもこの史料によれば、勧進組織の頂点に位地する大勧進は他方において四天王寺念仏三昧院院主をも兼ねていることが知れる。この念仏三昧院院主の地位を前大勧進幸尊の譲りを得て、権大勧進であった第一候補の円證が任命されていることからすれば、四天王寺の勧進組織が重層的な組織であったことはほぼ認められるところである。さらに四天王寺大勧進職保有者に与えられた利権が、具体的には多数の念仏聖たちの頂点に立つ念仏三昧院院主の地位およびその地位にともなう種々の利益であったこともあきらかになることは、興味深い。

四天王寺の勧進集団の例によって推定されるように、大勧進を頂点とする勧進集団は朝廷や寺院に公認された公的な集団として位置づけられるのであり、その組織は階梯的原理と重層的構造をもっている。周防国阿弥陀寺鉄塔銘文によって知れる東大寺大勧進職保有者としての重源の勧進集団においても、「大勧進重源」と「小勧進観西・照円」の間には、こうした関係は成立していたと考えるのである。

このように重源のもとでの勧進活動を担った勧進集団には、少なくとも二つの異なった原理で組織されているものがあったのである。

（3）東大寺大勧進職就任

それでは、重源の勧進にみられる、二つの異なった原理でもって組織された勧進集団は、いかなる関係にあったのだろうか。例えばこれらの勧進集団は併存していたのだろうか。それについては、この二つの集団形態が年代的に差をもって出現していることに注目したい。

現在まで管見した諸史料によれば、東大寺再興の初期・中期の活動は、第一の形態——重源との私的な関係によって編成・組織された勧進集団によって行なわれているのであり、第二の形態——大勧進職保有者たる重源のもとで編成・組織された勧進集団は、もっぱら再興事業の後期以後の活動のなかに見いだすことができるのである。では重源が大勧進職保有者として勧進活動を指揮する、つまり第二の形態が重源の勧進集団の中で形成されるのはいつなのであろうか。その問題を検討するために作成したのが、表2「重源の名称」一覧である。そこで以下においてこれを使用しながら論を進めてゆくことにしたい。

重源の名称を自称・他称に区分して年代順に作成すると、たいへん興味深い事実を発見することができる。すなわち他称の項における「大勧進」の出現時期と、自称の項における「大勧進」の名称登場期とが時間的ずれをもっていることである。他称の項において、重源にたいする大勧進の呼称は、すでに寿永二年（一一八三）四月に「大勧進上人」（『東大寺造立供養記』）とあり、寿永四年三月にも「大勧進重源聖人」（『吾妻

表2　重源の名称

年月	自称名	他称名	出典	備考
安元二(一一七六)2	入唐三度聖人重源		高野山延寿院鐘銘	
養和元(一一八一)8	勧進上人重源		東大寺勧進上人敬白	←東大寺再興勧進の宣旨下る(一一八一年8月)
10		東大寺奉加之聖人	『玉葉』10月9日条	
養和二(一一八二)2		重源聖人	『玉葉』2月20日条	
(寿永元)7		重源聖人	『玉葉』7月24日条	
寿永二(一一八三)1		東大寺勧進聖人重源	『玉葉』1月24日条	
4		大勧進上人以下同朋五十余人	『東大寺造立供養記』4月19日条	
寿永二年ごろ	南無阿弥陀仏		『南無阿弥陀仏作善集』	
寿永三(一一八四)4	聖人重源		高野山文書・俊乗房重源施入置文写	

寿永四（一一八五）	3		大勧進重源聖人	『吾妻鏡』3月7日条	↑東大寺大仏開眼供養（一一八五年8月28日）
文治二（一一八六）	4		大勧進上人以下十余人	『東大寺造立供養記』4月10日条	
文治三（一一八七）	1		大仏聖人	『玉葉』1月26日条	
	11		重源上人	『吾妻鏡』11月10日条	
文治四（一一八八）	3		勧進上人	28日付院宣	『吾妻鏡』4月12日条所収
建久二（一一九一）	5		大仏上人重源	『玉葉』5月22日条	
			東大寺上人	『玉葉』5月23日条	
	6		大仏上人春乗房	『玉葉』6月6日条	
			大仏勧進春乗上人	『玉葉』6月11日条	
	7		東大寺上人重源弟子空躰宋人云々	『吾妻鏡』7月23日条	
建久三（一一九二）		南無阿弥陀仏		重源譲状	記載年月は建久八年
建久四（一一九三）	8		東大寺大勧進上人重源	『東大寺続要録』8月25日条	

建久五（一一九四）10	造東大寺勧進南無阿弥陀仏		『浄土寺文書』10月15日条	
建久六（一一九五）3		大和尚南無阿弥陀仏	『東大寺続要録』3月12日条	←東大寺供養（一一九五年3月12日）賞賜大和尚
9	造東大寺大和尚南無阿弥陀仏		周防玉祖神社文書・宝物目録	
建久七（一一九六）8	大和尚南无阿弥陀仏		笠置寺鐘銘	
10	造東大寺大和尚		重源相伝状 10月4日条	
建久八（一一九七）6	東大寺大和尚南无阿弥陀仏		重源譲状 6月15日条	←戒壇堂建立4月24日～8月28日
夏	造東大寺大勧進大和尚南无阿弥陀仏		東大寺大湯屋鉄湯船銘	

	11	造東大寺大勧進大和尚位南无阿弥陀仏		周防阿弥陀寺鉄塔銘	
正治二（一二〇〇）	11	東大寺大勧進大和尚南無阿弥陀仏		阿弥陀寺文書	
建仁三（一二〇三）	9	造東大寺大勧進大和尚□		伊賀新大仏寺五輪塔銘	↑東大寺総供養（一二〇三年11月30日）
元久二（一二〇五）	12	東大寺大勧進大和尚南無阿弥陀仏		東大寺文書	
					↑入滅（一二〇六年6月5日）

（注）紙面の関係により論述に必要な範囲で作成しなおしたものである。ただ自称名については論旨に重要な意味をもつので本表でまとめた。なお『玉葉』には養和元年～建久六年間に三十三カ所、『吾妻鏡』には文治元年～建久六年間に十三カ所、重源に対する名称が登場する。

鏡』）とみえ、さらに建久四年（一一九三）八月にも「東大寺大勘《ママ》進上人重源」（『東大寺続要録』）とあらわれており、一見したところ重源は東大寺再興事業のかなり初期からすでに東大寺大勧進職に就任していたかの印象を受ける。

ところが同じく他称の項でも東大寺再興と同時代の日記であり、重源をよく知る兼実の『玉葉』によれば、重源を「大勧進」と呼んでいる例はない。そこでは「東大寺奉加之聖人」「重源聖人」「東大寺勧進聖人」「大仏聖人」「重源上人」「大仏上人」「東大寺上人」「大仏勧進上人」などの名称が重源にたいして付けられているにすぎない。おそらくは他称の項における名称の不一致は、『玉葉』が当時の日記であるのにたいし『吾妻鏡』（ただし大勧進とあるのは一例のみであるが）、『東大寺造立供養記』『東大寺続要録』が、のちになり諸記録を再編纂して著されたものであるという史料の性格の差から生じていると考えられる。それゆえ当時重源と親密な交流を有していた九条兼実の『玉葉』に「大勧進」の呼称があらわれておらず、のちの編纂になる史料に「大勧進」の名称がみられることは、決して相い矛盾したことではない。おそらくは、初期・中期の再興事業に従事していたころの重源は、いまだ大勧進職保有者ではなく、単なる大仏勧進上人、大仏上人、東大寺奉加聖人と呼ばれる存在であったと考えることができる。ちなみに『吾妻鏡』文治四年（一一八八）四月十二日条に収録された三月二十八日付の院宣には「勧進上人」としか重源を称していない。これはこの時期まで重源が大勧進職に任命されていないことを裏づける。それゆえ幕府・東大寺側の記録はのちに重源が大勧進に就任した事実を、編纂時において遡らせて記したと推定することができよう。

重源が大勧進という名称を名乗るのは、自称の項によってあきらかなように、重源の東大寺再興活動のなかでも後期（より厳密には晩期とすべきかもしれない）にあたる建久八年（一一九七）の夏以降である。それ以前の重源は東大寺再興勧進任命前には「入唐三度聖人」と称し、再興勧進に従事することになってからも「聖人」「造東大寺勧進」を自称している。また建久六年の東大寺落慶供養において、造営の功績により大和尚位を授けられたのちも「造東大寺大和尚」「東大寺大和尚」の呼名は使用するが、決して東大寺大勧進とは名乗ることはなかった。このことは東大寺大勧進職の地位に重源が就任していなかったことを意味すると思われる。なぜなら重源の性格からすれば、彼がすでに大勧進の地位にあれば、大和尚位を授けられるや、ただちにみずからの名称の中で大和尚を名乗ったように、そのことを明記するはずだからである。事実、建久八年夏に初めて「造東大寺大勧進大和尚」という大勧進の名称があらわれるや、それ以後の重源の名称には、みずから「大勧進」であることを明記している。このように重源の名称を検討することにより、彼が東大寺大勧進職保有者としての地位に就いたのは、従来の諸説に説かれてきた時期よりはるかに遅かったという重要な事実があきらかになるのである。

では重源の東大寺大勧進職就任の直接的な契機となったのは何であったのだろうか。『重源譲状』によると建久八年六月の段階ではいまだ「東大寺大和尚」とのみ称し、東大寺大勧進には就任していない。だが同八年夏に造立された(63)東大寺湯屋鉄湯船の銘文には、

　　敬白

　　造東大寺大勧進

大和尚南无阿弥陀仏
建久八年　潤丁巳

とあり[64]、重源は大勧進となっているのである。これにより、重源はこの時期に東大寺大勧進に就任したと考えられるが、その場合、重源が大勧進職に任命されたことと関係すると思われる出来事として、東大寺戒壇堂（東大寺戒檀院金堂）の建立がある。

東大寺僧の宗教活動にとって最も基底となる戒壇堂は、先の南都焼打ちにより焼失した[65]ものであるが、重源は東大寺供養が終わったのち、この戒壇堂の再建に着手した。『東大寺造立供養記』には建久八年四月二十四日に「始造戒壇院」とみえる。ところで論者によれば、この戒壇院の再建は重源によっては行なわれなかったと考えられているが[66]、のちに述べる『円照上人行状』の記事より推して戒壇院すべての再建ではなく戒壇院金堂たる戒壇堂の再建ではあったが、重源が再建したことが知れる。この再建は八月二十八日に終えた[67]。戒壇堂の造営は重源の東大寺再興のしめくくりともいいうる活動であったが、この造営に従事していた期間に、重源は初めて東大寺大勧進の名称を名乗ることになったのである。その意味で重源の東大寺大勧進職就任の直接的契機を考えるとき、戒壇堂再建は無視しえない重要な出来事であった。

第十代東大寺大勧進となった円照の行状を記した『円照上人行状』(68)には、

建久八丁巳造立戒壇金堂　次権僧正栄西補大勧進職　造金堂之廻廊并中門　次荘厳房法印大和尚位(行勇)任大勧進職　造立講堂并両方廊宇

と、重源に始まる東大寺大勧進職保有者の功績を記しているが、重源の活動のなかで建久八年の戒壇堂の再建が明記され、二代・三代の東大寺大勧進が戒壇院の再建に従事していることは、きわめて象徴的な記事として受けとめることができる。

3節　中世的勧進の成立——むすびにかえて

重源は東大寺僧の宗教活動の基底の場となる戒壇堂の再建という重要な活動を直接的な契機として、東大寺大勧進職保有者に就任したわけであるが、それでは何ゆえ、あらためてこの時期に重源は東大寺大勧進に就任したのであろうか。すでに建久六年（一一九五）三月には東大寺供養も終わり、重源にはその功績にたいし大和尚位の地位が授与されているにもかかわらず、ここで東大寺大勧進に就任したことには重要な意味があるはずである。そこでこの問題について考えるならば、重源の東大寺大勧進就任には大きくいって二つの要因があったようである。

その第一は重源にとって東大寺大勧進就任のもつ意味である。すでに記したように東大寺再興は重源の全面的請負事業として成立しているものであり、重源はその目的遂行のため、私的な関係によって結ばれた勧進集団を編成し活動を行なっていたのであるが、こうした重源の勧進活動が、はたしてどれほど独立性をもってみられていたかというと、はなはだ疑問なのである。たとえば『玉葉』文治二年（一一八六）二月二日の条には、東大寺大仏開眼供養を終えたころの重源の立場が示されている。

蔵人右少弁親経申条々

一　行隆申　東大寺別当及造寺検校長官等事　院宣云　別当未補之間　可被付上

人之由　行隆令申　不可然　検校事無分明仰　長官事如本可仰行隆者
仰　別当事　禎喜定遍両代　本寺造営一切不致沙汰　雖自今以後　被補別当者
以同前歟　若必可被補者　此条兼能可被仰含歟　不然者　造寺之間　被付上人之
条　実不似公事　只可被付造寺所歟　愚案如此

これによると禎喜・定遍が東大寺別当であった時期、東大寺は再興に一切関係を有さなかったようである。そのため後白河院は別当がいまだ補任されていないこの時点で、造寺の間は重源を東大寺別当に任命してはどうかと言ったのである。ところが院の近臣たちの間から後白河院の提案には反対があった。つまり東大寺別当のことは公事であるから重源への任命は反対するというのである。次の、ただ造寺所（東大寺造寺所）に所属させるべきだとの意見をみると、どうやら院の近臣たちにとって重源は、単なる官営修理所の人間と同等と見なされていたようである。

また建久四年（一一九三）八月二十五日にみられた東大寺勅封蔵の湿損にたいする勅使検知に際しての東大寺の態度をみれば、重源と東大寺の間には明確な一線が引かれていたことが知れる。『東大寺続要録』宝蔵篇によると、八月二十五日に勅封蔵の修理のため勅使が参向し、検知を行なったが、その検知に立ち会ったのは東大寺別当の前権僧正勝賢および徒僧四名・三綱二名のみであった。その損傷修理にはおそらく重源の手をわずらわさねばならなかったにもかかわらず、そこには重源の姿はなかった[69]。この時、重源は「此間造東大寺大勘（ママ）進上人重源春乗出来見物」と見え、ただ大勢の群衆の中にまじってこれを眺めていなければならなかったのである。これなどは重源の東大寺における立場がいかなるものであったかを如実に示している。結論的にいえば、重源は後白河院政にとっては指揮下の官営工房の一員にすぎなかったのであり、東大寺にとってはあくまで外部の人間でしかありえなかったといえるのである。そして、そのことは逆に、重源および勧進集団にとってみれば、彼ら勧進にたずさわる僧徒・技術者たちの独自の利権は、この時期にはいずれよりもなんら保証されていなかったことを意味していたのである。

しかし東大寺再興事業が進行するにつれて、再興のためには長い年月が必要であることが明確になり、それまでのような重源と私的な関係によって結ばれていた多くの勧進僧・技術者の利権をいかに保証するかが、重源にとって問題となってきたはずである。すでに建久三年（一一九二）には、重源を東大寺再興勧進に任命し東大寺別当への補任さえ考えていた後白河院も没していた。老齢の重源にとって、東大寺再興のため私的に組織した勧進集団の利権を保護し、安定的なものにするためには、院庁や東大寺から利権の保証を得ることは不可欠な条件であったに違いない。建久八年に至り重源が東大寺大勧進に就任する背景には、このような勧進をめぐる利権保護の問題が大きく働いていたと考える。なぜなら四天王寺大勧進の場合をみてもあきらかなように、大勧進は明確に院庁より公認されたものであり、その地位に重源が就任することは、重源の勧進そのものが相対的な独自性をもって真の意味で認められたことを意味するからである。そしてこの段階において、ようやく公的に勧進にたずさわる僧徒たちの利権が保証されるのである。東大寺大勧進職はこうした利権を明確化したものとして勧進の主任者たる重源に与えられたものである。

重源が東大寺大勧進に就任する直前の建久八年の「重源譲状」によれば、重源は東大寺再興の本拠として、すでに東大寺境内の鐘楼岡に「浄土堂一宇」と北側の鐘楼谷に「食堂」「供所屋」「湯屋」の各一字から構成される「鐘楼谷別所」を設けている。(70)重源はこれに木津の「木屋敷」を加え本拠地として東大寺再興を推進していたのであるが、彼が東大寺大勧進に就任したのちには、これら勧進集団の拠点にも重大な変化がみられる。すなわち建仁三年（一二〇三）ごろの成立とされる『南無阿弥陀仏作善集』では、鐘楼岡の浄土堂や鐘楼谷別所の湯屋・食堂などが統合され、従来の所在地にもとづく名称から東大寺という寺名にもとづいた「東大寺別所」という呼称が新しく出現しているのである。この事実は、この期間の間に鐘楼岡の浄土堂と鐘楼谷別所を統一し、これを東大寺別所として再編するなんらかの状勢変化があったことを示している。その状勢とは、これまで記したような東大寺大勧進職保有者として重源が就任し、その配下にあった勧進集団が正式に承認されたことではないだろうか。そのように考えるなら「鐘楼谷別所」から「東大寺別所」への名称の変更の中に、単なる名称変更という以上の意味が内包されているように思われるのである。

次に第二の要因であるが、これは東大寺側の問題である。本来、勧進という行為は寺院造営・修復に際してその費用・資材をまかなうための臨時的活動として行なわれるものである。かつて論じた平安時代の勧進は、いずれも臨時的な性格を有していたのであり、重源が院政より再興勧進の宣旨を受け、全国的な勧進権を得て再興に従事することになった東大寺再興勧進でも、本質的には臨時的なものとして位置づけられていたことはいうまでもない。それゆえ東大寺においても重源の勧進はあくまで応急の臨時的活動として把握されていたことは推定できる。しかし東大寺再建が勧進集団によって成果をあげ、東大寺供養も終わり、再興にも一応の目途が立つようになると、東大寺側も重源を外部の人間として冷淡な態度で見すごすことができなくなっていたはずである。なぜなら重源の場合、他の勧進活動に比して著しい特色として指摘できるものに、東大寺再興勧進に広く協力せよという宣旨にもとづく全国的な勧進権、周防国をはじめとする造東大寺領・東大寺領庄園における国衛の諸役の免除や、地頭による活動への妨害を排除し、これを自由に経営・収納する権限などがある。これら重源に与えられていた諸権限は、伽藍や法会の維持や僧供料の獲得に頭を悩ましていた東大寺にとってきわめて魅力的なものであったに違いない。また重源が再興事業の達成のため組織した勧進集団を東大寺に組み込み運営することも望むべきことであったはずである。だがこれら重源にめぐる権限・勧進集団は、重源が東大寺機構外にいる以上は、決して東大寺の保持するところとはならないのである。そのため東大寺はこうした権限・勧進集団を保持する重源を東大寺機構の中に定着させる必要が生じてくる。大勧進職は一方では勧進にたずさわる勧進僧たちの利権を保証するものであるが、他方では四天王寺大勧進職の例のように、あきらかに寺院に定着した機構として位置づけられるものである。このことからすれば、重源が大勧進職保有者となったことは、重源と配下の勧進集団が東大寺の集団として編成されたことを意味するとともに、同時にそれまで重源が個人として保持していた諸権限を東大寺側が継承しうることを示すのである。(71)

以上、記してきたように、重源の東大寺大勧進職への就任は、重源側にとっても東大寺側にとっても重要な意味をもっていた。そしてこの時期を境として重源配下の勧進集団は、従前の重源個人との私的な連繋によって組織された集団から、大勧進重源を頂点とする重層的構造をもった集団へと変質したのである。東大寺において、やがて勧進所が設置され、安定した勧進組織が形成され、本来的には臨時の活動であった勧進が、あたかも常設の東大寺営繕活動として機能する第一歩がここにみられる。東大寺再興勧進が真の意味で中世的勧進となったのはこの時からであった。なぜなら後白河院政の事業として遂行された出発期と同じく、重源の勧進が彼の私的・個人的集団のままで最後まで遂行されていたとしたら、その勧進集団は重源の死によって崩壊すべき運命にあったといわねばならないからである。重源の後を受けた二代東大寺大勧進職の栄西、栄西の法嗣で三代大勧進となった行勇にしても、元来は東大寺とは関係の薄い僧である。むしろ鎌倉政権に近い僧であったことは、

於向後大勧進職者　追栄西僧正行勇法印等旧蹤　依忍性心恵等上人近例　被撰補

関東多知識僧[72]

という史料や、『吾妻鏡』にみられる栄西と鎌倉政権との親密な記事、『本朝高僧伝』にある沙門行勇伝の記事[73]などをみればあきらかである。それゆえ彼らが東大寺大勧進に就任するにあたっては後白河院と重源の場合と同様に鎌倉政権の強力な推挙があったと予想されるが、その場合においても、もし重源が東大寺大勧進職保有者として配下の勧進集団を運営することがなかったならば、栄西や行勇がみずからの勧進集団を独自に保持せねばならず、はたして再興事業をどれほど順調に継承しえたか疑問といわねばならない。その意味でも、重源が東大寺大勧進職としての地位を東大寺の中に得たことは、東大寺再興のなかでも特筆されるべき出来事といえるのであった。

註

（1）慧空の『叢林集』（真宗史料集成・第八巻）には「勧進聖　十穀聖リ也重源為本」とあり、重源が勧進聖の祖と仰がれていたことを知る。

（2）東大寺再興と重源との関係についてのまとまった研究として『重源上人の研究』（南都仏教研究会、一九九五年）がある。東大寺再興を概論したものには藤田経世「治承の炎上と重源の再興」（『東大寺』）などがある。
（3）本書第一章「中世的「勧進」の形成過程」
（4）本稿を成すにあたっては、近年発表された二つの研究から多くの示唆を受けた。重源の研究に従事してこられた小林剛氏の遺著『俊乗房重源の研究』（有隣堂、一九八〇年）および東京芸術大学共同研究「東大寺大仏の鋳造及び補修に関する技術的研究」の「その五・左手の現状調査報告及び平安末鎌倉期修理について」（『東京芸術大学美術学部紀要』八号、一九七二年）である。あらかじめ記して謝意を表したい。
（5）平岡定海「東大寺炎上と現報思想の推移」（註（2）『重源上人の研究』）
（6）永原慶二『源頼朝』（岩波新書、一九五八年）第六章
（7）『玉葉』治承五年閏二月二十日条
（8）「被下諸国宣旨」（『多武峯略記』）
（9）『玉葉』承安三年十一月十二日条
（10）『玉葉』治承五年七月十三日条
（11）『東大寺続要録』供養篇
（12）『玉葉』文治元年八月二十九日条

（13）東京芸術大学共同研究「東大寺大仏の鋳造及び補修に関する技術的研究」その五（註（4）『東京芸術大学美術学部紀要』八号）

（14）螺髪の鋳造から開始した理由は、この程度の鋳造なら京鋳物師の技術でも可能で、多量の銅も不要であるからであった。

（15）『玉葉』養和二年二月二十日条

（16）『東大寺造立供養記』をはじめとする南都側史料には、重源自身が南都に下り大仏の惨状を実見し、みずから再建の任に就くことを要望したとみえ、この自推挙説の最大の拠り所となっている重源と藤原行隆との初の出会いを記した『東大寺造立供養記』養和元年四月九日の記事では、重源が大仏を実検し、ちょうど勅使として下向した行隆を訪ねたのは治承五年二月下旬のこととなっている。しかし行隆の南都下向は『玉葉』により三月十八日のことであることが知れる。史料の信憑性について問題があると考える。また東大寺再興が院の国家的事業である以上、こうした形で重源が参加する可能性はほとんど考えられない。

（17）註（4）小林剛『俊乗房重源の研究』三五頁。

（18）井土薫「ひじり考」（『ヒストリア』一号　大阪歴史学会、一九五一年）

（19）田村圓澄「重源聖人と法然上人」（註（2）『重源上人の研究』）。のち『日本仏教思想史研究』浄土篇に再録。

（20）五来重「高野山における俊乗房重源上人」（註（2）『重源上人の研究』）

(21) 田村圓澄註(18)論文。和多昭夫「高野山における鎌倉仏教」(日本仏教学会編『鎌倉仏教形成の問題点』平楽寺書店、一九六九年)

(22) 註(4)小林剛『俊乗房重源の研究』一九頁。

(23) 『俊乗房重源史料集成』(奈良国立文化財研究所、一九六五年)

(24) 『南無阿弥陀仏作善集』なお本稿では「美術研究」三〇号に紹介された作善集を使用した。

(25) 註(23)『俊乗房重源史料集成』所収。

(26) 石田善人「密教と密教芸術」(『京都の歴史』第一巻)

(27) 堀一郎『我が国民間信仰史の研究』第二巻(創元社、一九五三年)「三昧堂と勧進聖」

(28) 『東大寺要録』巻四「三昧堂」。東大寺四月堂がこれにあたる。

(29) 『高野春秋』巻三

(30) 註(27)と同じ。

(31) データーについては、杉山信三氏の京都新聞・昭和四八年十月二十五日朝刊に発表されたものによる。

(32) 註(4)小林剛『俊乗房重源の研究』四一〜四四頁。

(33) 註(20)五来重『高野聖』一八八頁。

(34) 註(4)小林剛『俊乗房重源の研究』所収「重源の入宋」

(35) 田村実造「北アジアにおける歴史世界の形成と発展」(『中国征服王朝の研究』(上))

(36) 薗田香融「平安仏教の成立」(『日本仏教史』(I)法藏館、一九六七年)
(37) 赤松俊秀「中世仏教の成立」(『日本仏教史』(II)法藏館、一九六七年)
(38) 「善光寺縁起」(註(23)『俊乗房重源史料集成』による)
(39) 『東大寺続要録』供養篇「文治元年重源敬白」
(40) 将来した仏像・仏画類については、小林氏の註(4)『俊乗房重源の研究』に詳細にみえる。
(41) 浅香年木『日本古代手工業史の研究』(法政大学出版局、一九七一年)二三一頁。
(42) ほかに『本朝高僧伝』、周防阿弥陀寺蔵『華宮山阿弥陀寺略縁起』にもみえる。
(43) 『吉記』治承五年六月二十六日付「造東大寺知識詔書」
(44) 『玉葉』養和元年十月九日条
(45) 『玉葉』養和二年二月二十日条
(46) 『玉葉』寿永元年七月二十四日条。重源と陳和卿の出会いについては上記にみられるが、そこからはなぜ重源が陳和卿と接触しえたかは、あきらかではない。
(47) 『東大寺続要録』造仏篇、寿永二年四月十九日条
(48) 『玉葉』寿永三年六月二十三日条
(49) 『吾妻鏡』文治二年八月十六日条
(50) 『吾妻鏡』文治三年三月四日条
(51) 『吾妻鏡』文治四年二月十八日条

(52)『吾妻鏡』文治四年三月十日条
(53)『鎌倉遺文』二一九号
(54)『古文書時代鏡』「大江広元筆奉書」解説。
(55)重源の勧進が大仏補鋳、諸堂再建をも行なうものである以上、鋳物師・番匠らも広い意味での勧進集団として把握することができる。
(56)『東大寺造立供養記』文治二年四月十日条
(57)『東大寺造立供養記』寿永二年四月十九日条
(58)『吾妻鏡』建久二年七月二十三日条。空躰が宋人であることからすれば、陳和卿とも関係ある人物と思われる。
(59)重源譲状(註(23)『俊乗房重源史料集成』による)
(60)当時無名の二人の工匠の採用は重源の独自の裁量により決定されている(大河直躬『番匠』一二頁)。
(61)銘文は註(23)『俊乗房重源史料集成』による。
(62)本書第一章「中世的「勧進」の形成過程」
(63)これが建久八年夏のことであることは『東大寺造立供養記』に「去建久八年夏鋳鉄湯船」とあり、知れる。
(64)銘文は筒井英俊氏の調査による。『東大寺論叢』論考篇(国書刊行会、一九七三年)、第三部第一章「刻銘」に所収。
(65)『玉葉』治承五年正月六日条。南都焼打ちによる東大寺焼失諸堂には大仏殿・講堂・食堂・四面廻廊・三面僧房・戒壇院・尊勝院・安楽院・真言院・薬師堂・東南院・鎮守八幡宮・気比神社・気多神社があった。
(66)石田善人「旧仏教の中世的展開」(『日本仏教史』(Ⅱ)法藏館、一九六七年)。『南無阿弥陀仏作善集』には奉造立の項に「戒壇院一宇五間四面」とあり、金堂の意味を石田氏が誤解されたのではないかと考える。
(67)『東大寺造立供養記』建久八年八月二十八日
(68)円照は東大寺大勧進に一二五七年から一二七〇年まで就任した僧。記事は註(23)『俊乗房重源史料集成』による。
(69)註(4)小林剛『俊乗房重源の研究』三〇～三一頁。
(70)「重源譲状」は建久八年六月十五日に弟子の東南院院主含阿弥陀仏定範へ重源が諸堂舎、諸別所を譲った目録である。
(71)栄西が法勝寺大勧進となると周防国は東大寺をはなれ法勝寺造塔料国となるが、三代大勧進行勇の寛喜元年に至り東大寺は修理料所として再寄進するよう対朝工作を行なう。同三年この運動は成功するが、しかし知行は大勧進があたっても、本来は寺領であることがこの時には明確にされた。

（72）『東大寺文書』延慶三年二月東大寺衆徒奏状案（京大影写本九十冊4-29）

（73）行勇は鎌倉将軍家護持僧であった。註（64）筒井英俊『東大寺論叢』論考篇、「鎌倉時代における東大寺造営と大勧進行勇」参照。

第三章　中世的「勧進」の展開

はじめに

古代寺院が律令国家の保護のもと、広大な寺院と庄園によって維持されていたのにたいし、中世寺院はその経済的基礎である寺領や庄園を失い、種々の困難に直面せねばならなかった。なかでも堂舎の維持は、中世寺院にとって最大の問題となっていた。すでに平安中期以降、寺院は律令国家の崩壊と庄園の変質にともない伽藍や法会の維持に、さらには僧供料、仏事燈油料等の獲得に頭を悩ましていたが、鎌倉時代に入ると、その事態は決定的なものとなっていった。こうした寺院の維持、復興事業を担って行なわれた募金活動が勧進であった。

鎌倉時代に入ると勧進は、著名な大寺院のみならず中小寺院においてもみられ、いわば中世寺院の維持のためには不可欠な活動となってくる。そのため従来の研究においても勧進について触れられたものは数多い。しかし勧進の形態の現実のありかたが多様で、内容も複雑多岐にわたっているゆえか、そこではとかく傍系的にしか勧進の問題が扱われず、勧進そのものの歴史的展開、その意義が究明されることはほとんどなかったといってよい。

そこで本稿においては中世的勧進の形成過程[1]、東大寺大勧進職の成立[2]の考察の後を受けて、鎌倉時代の勧進について、主として勧進の形態に視点を当てて論述し、勧進の史的展開に一つの仮説を提出し、研究の空白をいくらかでも埋めることにしたい。

1節　勧進所の成立

建永元年（一二〇六）六月五日、東大寺再興にその後半の生涯をささげた俊乗房重源は没する。八十六歳であった。『三長記』建永元年八月八日には、その臨終の様子が、重源に帰依しついには含阿弥陀仏の名号を受けた東大寺東南院院主定範僧都の言として次のように記されている。

六月朔比不可過今両三日之由称之　沐浴常結弥陀報本印　弟子等不可動如念仏只以閑寂可為事　仍弟子一両人相替護之　六月六日《（ママ）》夜半許気絶了　無異瑞　如平生之案無期　然以閑寂印手不乱云々

まさしく一代の傑僧というにふさわしい大往生であった。

そして、この重源の死によって勧進の歴史も新たなる段階へとその歴史的展開をとげる。なぜなら東大寺には、勧進聖集団の寺院内における営繕活動の拠点である勧進所が登場するからである。

東大寺における勧進所の設置については、寺側の伝承によれば「勧進所　従往古雖有之　治承年中災上也　俊乗上人建久年中大仏殿再興之節　雖造営之」[3]とみえ、あたかも重源の活動以前から設置されていたかにみえるが、これが正しくないことはあきらかである。[4]また『東大寺要録』別当章には重源存命中の建仁二年（一二〇二）には「建仁二年七月　印蔵修理析　鎮西米百石　被寄勧進所了」と勧進所が存在したかに記されているが、建仁三年に成立したと推定されている『南無阿弥陀仏作善集』には勧進所について一言の記述もうかがえず、そのころ勧進所が設置されていたかについては疑問が残る。勧進所の名称がのちの編纂になる記録類以外で登場する初見は、二代東大寺大勧進となった栄西の建永二年（一二〇七）六月二十一日付の書状の、

献上
唐墨八十五廷
唐筆七十五廷

右　華厳会捧物析唐器相共　別進勧進所墨百内十五砕候了……（下略）

である。[5] このことは、重源の没年の翌年には東大寺に勧進所の名称をもつ営繕機関が存在していたことを示している。

しかし、実質としては、勧進所の業務を担当したものは重源の生前にすでに存在している。それは重源が造営活動のための足場として設けた東大寺境内の「鐘楼岡別所」である。この別所は「浄土堂一宇」「湯屋一宇」「食堂一宇」「供所屋一宇」と木津の「木屋敷一處」「在二階九間二面倉一宇」「五間二面雑舎一宇」によって構成されていたが、[6] 建久八年（一一九七）六月十五日に東大寺東南院院主定範に重源が護り渡し、以後おそくとも建仁三年（一二〇三）には東大寺別所[7]とその名称は変更されている。[8] ところで先に筆者は重源が東大寺大勧進職に補任されたのは、従来の通説より時代が下って建久八年八月の東大寺戒壇院金堂の再建期のことであったと推定したが、[9] 同時に重源の大勧進への就任はこの「鐘楼岡別所」等の東大寺への譲り渡しと密接な関連が考えられる。この時、重源はみずから管理、領有していた「寺領庄園」とともに

「高野新別所」「渡辺別所」「播磨大部庄内別所」「鐘樓岡別所」の支配権を東大寺東南院院主定範に譲ったのであるが、これはあきらかに重源の拠点、土地のいくつかがこの段階で東大寺僧徒側の手に渡ったことを意味していよう。そして、この時期に重源はそれまでの独立的立場を離れて「職」という補任の対象となりうる東大寺大勧進となったと理解しうる。[10]

以後、重源配下の勧進聖集団は「弟子」「同朋」「年来同行」という言葉にあらわれている重源との私的な連繋によって編成された集団から、大勧進重源を頂点とする階梯的組織原理で編成された重層的構造をもった勧進集団へと変質する。[11] これはあきらかにそれまでの私的、個人的原理で編成された平安時代以来の「聖」的勧進からの脱却であり、中世的勧進の展開の第一歩であった。

そして重源の勧進活動の拠点であった東大寺別所は、重源の没後「別所」という念仏衆の居地を示す比較的独自性を有した名称から、よりその性格にふさわしい「勧進所」と呼ばれるようになったと考えられる。

ところで、こうした寺院の勧進営繕機関としての勧進所の存在は、東大寺のみならず興福寺においてもみられる。建永二年（一二〇七）八月三日の興福寺政所下文には、

政所下　城下郡刀禰司等
可早任菩提山上人勧進　以清浄心奉加造北圓堂用途　兼諸郷沙汰人等納奉加物
早速奉送南都勧進所事

とみえ[12]、興福寺が北円堂の造営のため勧進を行ない、菩提山上人にその任をゆだね南都勧進所を設置している。北円堂に関しては『猪隈関白記』の承元二年（一二〇八）十二月十五日に「興福寺中北圓堂　治承炎上之後未造　此間為寺家沙汰造之」とみえ、造営の主体は興福寺にあったが、その復興が寺家の計画どおりには進まず[13]、そこで藤原氏の氏寺である興福寺においても勧進が行なわれ勧進所が設置されたのである。

初期の勧進所の例としては今のところ東大寺、興福寺の例を確認しうるが、その名称こそ異なるものの、ほぼ同様の勧進営繕機関は他寺の勧進においても設けられたものと思われる。例えば、塔修造を行ない重源も造営勧進に参加したことが『南無阿弥

陀仏作善集』によって知りうる四天王寺の念仏三昧院がその好例である。

四天王寺の西門は極楽の東門に通じる場所として浄土信仰の浸透とともに多数の念仏聖たちの集まる所であったことはすでによく知られているが、院政期には念仏衆が組織され、その活動の拠点として聖人念仏所が設けられるに至っている。念仏三昧院は、この聖人念仏所が鳥羽・後白河両院の保護のもと発展したものであるが、(14)『玉葉』には、本来的には四天王寺の外にあったこの念仏三昧院に、

此日　召念仏三昧院住侶等　定仰院主事等　権大勧進第一円證　得前大勧進幸尊譲　可補之由仰下畢(15)

と大勧進、権大勧進等が補任されており、念仏三昧院が勧進所と実質的には同じような勧進聖集団の拠点的役割を果たしていたことがあきらかになる。

これらの例は、元来、既成教団の外にいた聖たちによって行なわれていた勧進活動が、寺院活動として取り入れられ、勧進所に象徴される営繕機関に造営の主体が移りつつあることを示しており、寺院財政、組織のありかたが変質しつつあることをあき

らかにするものといえるが、同時に、それまでは勧進とは無縁であった既成寺院内の僧侶も勧進に従事することを可能にしたことでも大きな意味をもっている。

勧進活動と寺院の関係については、

……その中ニ殊ニ申上候あけちのみたう修□（理）事　召候はぬあゐた无縁のひしりをすゝめ□（て）　奉加の帳をつくりて　国の守護みたちをはしめまいらせ候ひて　国中の大名との□（は）らをすゝめまいらせ候へは……（下略）

と「運西申文」[16]にみえるように、寺院とは直接には「無縁」の聖によって行なわれるのを原則としていた。平安時代の讃岐国曼荼羅寺修造勧進に従事した勧進聖たちが「仏法修行往反之次、当時伽藍逗留之間」という存在であったことは、かつて指摘した[17]。また重源と東大寺、菩提山上人と興福寺の関係においても例外ではない。重源の没後、二代東大寺大勧進となった栄西にしても、三代大勧進となった行勇にしても、元来は東大寺とは無縁の存在であったことは周知のところである。

だが、こうした寺院と勧進聖の関係も時とともにしだいに変質をとげてくる。東大寺にその例をとれば、大勧進と東大寺の同質化の動きとしてそれはあらわれる。

三代東大寺大勧進となった行勇〈建保三年〈一二一五〉七月九日補任、仁治二年〈一二四一〉七月十五日没[18]〉の活動中の寛喜三年（一二三一）四月に、かつて重源が東大寺造営料国として国務を院より譲られ、その後、承久二年（一二二〇）に栄西の法勝寺塔婆造営料国として東大寺造営料国から外された周防国が、再び東大寺大勧進行勇の国務するところとして返還されてきたが、その際に、行勇が次のような請文を提出していることは注意する必要がある。

跪請

宣旨一通

周防国被寄附東大寺造営用途料事

右　宣旨跪所請如件　抑當被付東大寺畢　存其旨可令国務之由　謹以承候畢　以此旨可令奏達結候　行勇恐惶謹言[19]

ここには、国務は大勧進行勇があたっても、周防国は寺領であることが明確にされている。すなわち重源の時代には「播磨備前国等可付上人之由先日令申……但両寺造了すに八各不可交国務　上人可沙汰云々[20]」と文覚、重源にたいし播磨、備前が付され、彼らの「一向可沙汰」料国であった造営料国の一つ周防国が、これ以後は東大寺の支配のもとに置かれ、東大寺と大勧進の実質的同質化が確立したことをこの請文はあきらかにしているのである。

東大寺が大勧進との同質化をめざした原因は、大勧進と東大寺側の意向がしばしば衝突したことがあげられる。重源の存在が東大寺とは必ずしも一体ではなかったことは先稿[21]において指摘したが、例えば建仁元年の東大寺僧綱等解草案[22]の内容はそれをよく物語っている。これによると東大寺は大仏殿の四面廻廊の造営が終了ののちには「講堂僧房相継造営之条」を望んでいたが、重源は「和尚内々所存先可立七宝御塔云々」と東塔の造立を東大寺僧徒の意に反して行なおうとしている。そこで東大寺は重源の意向に困惑し、院へも奏聞し講堂、僧房の重要性を力説したのであるが、その結果が東大寺僧徒の願いを無視したものであったことは元久元年（一二〇四）に東塔の造営が開始された事実が証明している。[23] これはあきらかに重源の立場が東大寺の意向にかかわらなかったことを示す重大な出来事であるが、「外」的立場による勧進が強く貫かれた場合には寺院の意向をも無視することがありうることを示す象徴的な事件であろう。それを東大寺が防止するためには、大勧進と東大寺の同質化をなさねばならなかったのである。寛喜三年（一二三一）の行勇の請文は、その実質的合体が行なわれたことを示している。嘉禎四年（一二三八）後二月の東大寺「七重塔」（東塔）供養のための「地引」の事について勧進所が、

七重御塔供養之間地引事　被仰下之旨　謹承候了　又寺家存知事　且相觸勧進所且有衆議評定　忩可注進言上之由　同以承候了……（下略）

後二月十五日　年預五師賢定請文

と東大寺年預五師賢定より寺家存知の事を相触れられているのは、勧進所と東大寺の同質化を別の面よりあきらかにするものであるが、[24] それはまた仁治年間（一二四〇～四三）に作成されたと推定されている[25]『東大寺拝堂用意記』の中の東大寺諸職の一つ

に葺工両座、絵仏師両座らと並んで「勧進所木守七人」とみえていることによっても知りうる。そして東大寺第百一代別当であった定親が、宝治元年（一二四七）に第六代東大寺大勧進に就任したことは[26]、それまでの勧進聖と東大寺との一線を画する関係が崩れ、勧進活動の主導権が寺院側に移ったことを物語っている。

しかし、こうした聖的勧進から寺院勧進への移行は、勧進が修造活動として公認され、勧進所のような営繕機関が寺院に設置されるようになれば遠からず登場してくるものであり、地方においても建長二年（一二五〇）の大隅国台明寺の一間四面本御堂の造営勧進のように台明寺衆徒そのものが「勧進衆徒」になっている[27]例を見いだすことができるのである。

2節　中世勧進の形態——巡歴型勧進

鎌倉時代に入ってみられる勧進の飛躍的な増加は、勧進活動の公認化に加えて、勧進の担い手が前代以来の「聖」のみならず寺院僧侶によっても、さらには俗人によっても行なうことが可能になったことに、その原因が見いだせる。それまで厳しい修行、信仰にもとづく聖の宗教的「名徳」を媒介として遂行されてきた勧進は、ここに至って広く人々の従事しうる一般的な寺院維持、復興事業となりうる道が開かれたのである。が、しかしそのことは、他方よりすれば聖的「名徳」にかわる新たなる勧進の方便を創出する必要を生じさせてきたことをも意味する。筆者は勧進の目的を記したいわゆる「勧進帳」の流行は、このような勧進の中世的展開のなかでとらえることができると考える。(28)

「東大寺勧進上人重源敬白」というような文語に始まり、十方檀那の助成を仰いで造営、修復等の勧進を行なう旨を記し、つぎに寺の歴史や縁起を記し、最後に勧進への結縁の意義を説くという形式をもつ勧進帳については、重源が天平十五年(七四三)の聖武天皇の盧舎那仏造顕発願の詔を倣して作成した養和元年(一一八一)八月の東大寺再興勧進の勧進帳が有名であるが、これより先の承安四年(一一七四)の高野山修造勧進においても「仍捧奉加帳　不嫌一枝一草　令勧進貴賤　令知識上下　可令造営之由　山上山下一味同心[29]」と勧進帳に対応する奉加帳の存在が知られる。この事実は勧進が公認された高野山修造勧進から東大寺再興勧進へと至る過程のなかで勧進帳の形式がしだいに整えられていったことを推定させるが、重源の勧進帳はその形式を確立させたものといえ、以後中世の勧進帳[30]はこれを原型としている。

ところで『東大寺造立供養記』には、重源の勧進は、こうした勧進帳と造営勧進の宣旨、そして大仏および脇士四天王像を描いた画像を一輪車に掲げて行なわれたとみえる[31]。そして今日、こうした重源の勧進を、謡曲「安宅」や歌舞伎の「勧進帳」で、奥州下向の勧進聖に仮託した安宅の関での弁慶一行の姿の中に、われわれは見いだしている。しかし、これら後世の創作の産物が、はたして当時の勧進僧の実態をどれほど正確に再現したものであるかは、実はあまり検討が加えられていない。重源に関してみると、『玉葉』の養和元年十月九日の、

東大寺奉加之聖人　廻洛中諸家請之奉始法皇不論貴賤

という記述が、重源が洛中を廻って勧進をすすめた事実を知ることのできる数少ない同時代史料として有名であるが、『鎌倉遺文』二六一号の源頼朝書状は、重源配下の勧進聖が諸国へ下向し、その道々で勧進を行なっていたことを記している。

御消息之旨　承了……兼又海道・北陸道方へも　風雨をも不厭　物腹立なともせす候らむ御弟子一人を被下遣て被勧進ハ　縦雖野叟之輩　何無助成之心哉

ところで、貞応三年（一二二四）と推定されている神護寺僧行慈書状には、さらに具体的に当時の勧進聖たちの活動の様子がうかがえる。神護寺塔の造営用材を紀伊国在田郡より運ぶに際して、大工が住京の間、行慈がそのことを指揮した旨の書状であるが、

何事候らむ　塔材木は皆とりて　在田河のはたへ曳出て候　今明筏下沙汰し候なり　兵衛尉住京之間　たゝ一人にてすゝめひしりか　門ことにすゝめあるくかことく沙汰し候也…（中略）…前達に十五人相具て候　度々に在田の夫も　百余人入て候　すゝめひしりか門をかそへ候て　すゝむるかことく沙汰して　わつかに如

此沙汰して候也[32]

と見えている。ここで行慈が「すゝめひしりか　門ことにすゝめあるくかことく沙汰し候」「すゝめひしりか　門をかそへ候て　すゝむるかことく沙汰して」と勧進聖の活動を記しているのは、この巡歴型の勧進とも称しうる形態が当時の勧進の一般的なものであったことを推測させてくれるのである。この前年の貞応二年十月に完成した讃岐国屋島千光寺鐘銘には「承久元年四月　企上洛於六条町　勧十方檀那」と、讃岐国より勧進聖人蓮阿弥陀仏が上洛し勧進を行なっているが[33]、おそらくは蓮阿弥陀仏も、京の新興商工業者の居地を「門ことにすゝめある」いたに違いない。

しかし、一般的にいってこうした遊行の聖以来の巡歴型の勧進は、勧進の本来的な活動形態ではあるが、その費やす労力にたいして得る募金の少ない方法であった。例えば正嘉二年（一二五八）の唐招提寺礼堂釈迦如来胎内文書には「釈迦宝号交名事諄芸勧進分也」などとみえ[34]、多数の念仏結縁者をそれぞれ僧が分担してつのり、勧進を行なっており、この形態の勧進が行なわれていたことを知るが、その結果が、同様の方式によった元興寺極楽坊聖徳太子像造立勧進の場合の一例のように六十一名の結縁者をつのりながら、その募金がわずかに「せに五十五アリ　勧進銭五十五文也[35]」にすぎなかったことは、結縁をつのる宗教作善としてはこうした勧進形態が意味を有していても、勧進銭をつのるという活動としては必ずしも効果的な方法ではなかったことをあきらかにしているのである。

そのため勧進僧たちは、より募金効果の高い方法を導入するようになる。巡歴型の勧進においてその新たな手段とされたのが、すでに摺仏・印仏供養に用いられていた摺仏・印仏を勧進札として使用する方法である。『南無阿弥陀仏作善集』によると、東大寺別所、渡辺別所の項に「印仏一面一千余躰」とあり、重源が印仏を利用していたことが知られるが、建仁二年（一二〇二）前後に建立された伊賀新大仏寺に残る「板五輪千仏塔」には下部の梵字の個所にあきらかに墨の付着が認められ、これが礼拝の対象ではなく配布のための版木として用いられたことが知られる。また周防国安泰寺に残る三重塔版木も重源の作といわれ[36]摺仏・印仏を配布し勧進札として用いる方法は重源が開拓していたものであった。重源が摺仏・印仏を援用したのは、多数造仏則成仏の信仰をもって結縁奉加者を数的に増加させる目的のためだったと考えられるが、それを最も有効に用いたのは一遍の念仏勧進である。一遍は熊野権現より授かった「南無阿弥陀仏決定往生六十万人」と書かれた勧進札を人々に配りながら念仏勧化を行なったことはあまりにも有名であるが、一遍の賦算によって遊行の聖にこうした方法がきわめて有効であることがあきらかになったものと思われる。やがてそれらは明確に勧進札として用いられ、勧進奉加物の増加をめざす手段とされるようになった。こうした摺仏・印仏による勧進札が鎌倉時代の勧進において盛んに用いられていることは、元興寺や唐招提寺などを対象とした中世庶民信仰の研究において近年あきらかにされてきたが、時代が下るにつれて、しだいに有力な勧進の方便となっていったのである。[37]

3節　中世勧進の形態——幕府依存型勧進

勧進帳から勧進札へと勧進は新たな募金のための方便を導入し、しだいに多くの奉加を受ける活動へと展開する。しかしこうした従来からの勧進形態がその効果の点においで勧進を有効に進めるには必ずしも十全のものではなかったことは、すでに記したとおりである。しかもその形態が可能であったのは多数の勧進僧を前提としてのことであったことも忘れてはならない。こうした勧進は、基本的には個人から出発した聖的勧進をより組織的に数的に拡大したものといえ、あくまでその延長線上に位置づけられる勧進形態であった。それゆえ、結縁者の増加、勧進の効果をより高めるためには、さらに多数の勧進僧を必要とする性格を有していたのである。

そのため一般の寺院の勧進においては、多量の勧進札を作成・配布し結縁者をつのる能力もなく、必然的に「檀那」「檀越」と称せられる在地での有力武士らによる特定の本願者や後援者の協力を不可欠なものとしていた。
　鎌倉時代の年記銘をもつ鋳鐘勧進や造仏勧進等において最も一般的に見受けられる勧進は、「広勧十方之貴賤」とは称しつつも実際には「御庄宮公文左衛門少尉藤原宗光」（大和矢田金剛寺鐘銘(38)、寛元四年〈一二四六〉）や「大檀那当国守護代左衛門尉藤原朝臣兼頼」（隅州台明寺鐘銘(39)、正嘉元年〈一二五七〉）など、特定の檀那、大檀那の存在をあらかじめ前提として行なわれる勧進であるが、事実、檀那や檀越の存在を前提とした勧進は、「門ことにす丶めあるく」という巡歴型の勧進よりはるかに効果のあがる勧進形態であった。檀那の存在がいかに勧進に重要であったかは、鎌倉時代末期の例ではあるが、和泉国大島郡の善福寺鐘銘（『日本古鐘銘集成』一一八号、現・宝泉寺鐘）があきらかにしている。

元亨二年壬戌十月二十二日
　勧進聖定学六貫七百勧進物
大檀那大井国光　拾貫

安部光正　六貫文
沙弥浄観　三貫文
沙弥浄仏　一貫文

この銘文は鎌倉時代末期の鋳鐘にかかる費用をあきらかにしていることでも珍らしい史料であるが、なかでも注目したいのは都合二十六貫七百文のうち大檀那以下の檀那の占める資金が二十貫文であり、勧進聖定学が勧進物として集めえた資金が六貫七百文にすぎないことである。このことは、あきらかに善福寺の勧進が特定の檀那に依存し、その存在を前提としなければ定学の勧進活動そのものが成立しなかったことを示している。

ところで、当時の最大の檀那といえば朝廷と鎌倉幕府であった。そこで大規模な勧進を行なう寺院においては朝廷や幕府に勧進活動の公認を申請し、その活動への助成、保護を求めているが、その結果、登場してきた勧進は、勧進が結縁者を求め人々の奉加によって営む宗教的募金活動と定義づけられるなら、それとは根本的にその質を異にする檀那の強制力を背景として資金、労力を徴収、調達する勧進であった。そして、そこに出現してくる勧進形態には朝廷、幕府それぞれの権力のありかたの一端が、おのずと反映されているのである。

延応元年（一二三九）に出された鎌倉新大仏の鋳造を願った勧進僧浄光の申状(40)の中に次のような一文が見える。

所祈者東土利益之本尊也　已預東土助成之下知　所念者　西方極楽之教主也　盍遂西方勧進之中懐　僅聚五銖之一銭　令造八丈之大仏

浄光は「東土」の利益本尊として鎌倉新大仏の鋳造を願い、そのため「東土」での助成の下知を得たのであるが、「西方極楽」の教主に従って「西方」の勧進を行ないたいので認めていただきたい旨の申状を朝廷側に提出したのである。ここで浄光の言う「西方」とは山陽・山陰・北陸・西国があげられているのでこの範囲を意味すると思われるが、この文面が東大寺大仏と鎌倉新大仏とを比して発言されていることはあきらかである。律令時代以来の東大寺大仏は、ここではかつての絶対的地位から西方の利益本尊の地位に低下させられている。このことは宗教的権威においても鎌倉幕府が独自のものを生み、そのために日本を「西方」「東土」に分割して考えていることを示すものであるが、この申状は、単にそれが宗教理念に止まるものではなく、少なくとも勧進においては実態をともなうものであったことをあきらかにしている。申状において重要だと考えられるのは、浄光が朝廷の許可をまず得たのが「東土」における勧進助成の下知であったことである。浄光の論理に従えば重ねて朝廷の許可を受けるのは、あらためて「西方」での勧進を望んだ結果であるということになる。これは勧進の活動圏が東国と西国それぞれにあったことを示している。朝廷から勧進が全国的に公認された例として、高野山修造勧進、東大寺再興勧進などが平安末期から鎌倉時代初頭にかけて出現してきたことはかつて指摘した(41)が、鎌倉時代には鎌倉幕府によって勧進が公認されている例が見受けられる。のちに述べる信濃国善光寺造営勧進、全国的規模での八万四千基宝塔勧進などがその好例で、東国の寺院においては現在のところ史料的制約によって断定するまでには至っていないが、幕府の許可を得ることによって勧進は公認されていたようである。

では、そのような幕府依存の勧進がいつごろから形成されてきたかであるが、その成立は文治年間（一一八五～九〇）まで遡って考えることができると思われる。それをあきらかにするのが次の史料である。

幾《（ママ）》内、幾《（ママ）》国・西国方ハ　細〻ニ勧進の御沙汰可候に候　関東方ハ頼朝勧進御使として可相勵候也　それも自君被仰下て候しをもて　可致沙汰候也　大方ハ君御意より御沙汰候之上にも　つよく此事を御沙汰候者　今《自》月十年内何不出来候哉[42]

文治三年三月十六日に、重源は周防国の杣における地頭らの用材搬出防害の停止を院に奏上し、これを受けた院からの命にたいする頼朝よりの返事の一文であるが、その中で西国においては院の方で「細〻ニ勧進の御沙汰」を行なわれるよう、関東においては頼朝が「勧進御使」として「相勵」と答えていることが注目される。この見解が発表された背後には、朝廷側による勧進と頼朝による勧進が西国と東国という地域によって区分して考えられており、頼朝は関東における勧進の諸権限を得ることになったと理解しうる。

そこで幕府は、関東においては庄園公領の寺院を問わず、他方諸国の「将軍家之家人地頭住人等」にたいしてその力を発揮することとなった。文治四年（一一八八）三月の「所詮於東国分者　仰地頭等　可令致沙汰之由　被仰遣[43]」という東国での勧進活動にたいし地頭の協力を命じている例や、建久五年（一一九四）五月の「被下御書於諸国守護人可致勧進国中之由[44]」という諸国守護にたいしての勧進は、東大寺再興勧進におけるその後の動向であるが、建久八年に行なわれた八万四千基宝塔勧進は後者のルートにのった幕府独自の全国的規模での勧進である[45]。

敬白　五輪宝塔三百基造立供養事
鎌倉殿八万四千基御塔内源親長奉仰勧進五百基　但馬国分三百基
於御祈禱所進美寺　奉開眼供養　但六十三基者　當寺住僧等造立
自余者国中大名等所造…（中略）…
建久八年丁巳十月四日午時　勧進奉行司源親長敬白

勧進が「勧進奉行司」という俗人によって遂行されていることにおいても興味深い勧進の例であるが、それが「国中大名」を動員し、一定数の宝塔が割り当てられているところに幕府指導による勧進の特色がよくあらわれている。

ところで幕府を檀那としてその政治権力に依りながら勧進をすすめた例として、東国における浄土信仰の中心である信濃国善光寺の治承三年（一一七九）の焼失ののちの再興勧進があげられる。『吾妻鏡』文治三年（一一八七）七月二十七日条によると、十方檀那の助力のもと善光寺造営勧進にあたっていた「勧進上人」は、頼朝にたいし造営の間の土木人夫について信濃国庄園公領を問わず沙汰人らに与力せられんことを願い出た。その結果、勧進上人は頼朝の下文を得たが、それを受けての善光寺勧進僧の信濃目代宛の施行状の内容は強圧的なものである。

善光寺造営之間　国中さうく（庄公）をいはす　人夫をいたして力をくハふへきよし　御下ふミたひ候ぬ　とのも所知なとしらせ給候ハヽ　与力せさせ給候へく候　このたひ不奉加之人ハ　所知をしらさりけりとおほしめさむするに候　あなかしこ

く

七月二十八日　　　　　　　　　　　　　　　　　僧

信濃御目代殿

勧進僧が施行状をもって在地にのぞむこと自体、すでに勧進の重大な性格変化といえるが、頼朝の承諾を得ている以上は奉加せざる人びとは頼朝の知るところを「しらさりけり」と思われるであろうという言葉には、先の東大寺再興における、また全国的規模での宝塔勧進と共通する性格がうかがえ、受手側に立てば、勧進への奉加とは名ばかりで実際には臨時課役としか考えられないものであろう。

ところでこうした勧進が登場してくることは、勧進が寺院維持、復興のための経済的手段として名目化されてきたことを端的に示すものであるが、そのことはかつて勧進の宗教的作善としての意義を強調するものとして用いられてきた「一粒半銭」「一木半銭」「同心合力」「法界平等利益」等の言葉が、まったく別の経済的意味に置き換えられて用いられていることによっても知れる。前述の鎌倉新大仏勧進上人浄光の申

状の内容はその典型であるが、

可賜重人別一文御下知　於北陸・西国事
右　大日本国記云　水陸三十里也　国六十六国　島二島　郡五百七十八　郷三千七百七十二　男女四十五億八萬九千六百五十九人也　男十九億九萬四千八百二十八口　女廿五億九萬四千八百三十一口也　是則行基菩薩算計勘定之文也云々　然則一天之下四海之中　算諸人之数　勘一文之銭　四十五億八萬九千六百五十九枚（四万貫　五百貫　八十貫　九貫）也[46]

と見え、ここではどのように少ない奉加であっても作善であるという意味の「一木半銭」が人別に一文を徴収するという言葉にすり替えられ、法界における平等利益が勧進銭の平等負担に置き換えられている。しかも総人口の横には註として、一人あたり一文を徴収すれば「四万貫　五百貫　八十貫　九貫」になると、得られる金額まで記入されているのである。権力の支配機構を利用して行なわれた勧進が、新たなる賦課徴収としての色彩が濃厚だったことは、これによってもあきらかとなろう。

しかしこうした権力の支配機構を通じて行なわれる勧進が、事業の遂行という観点からすれば奉加寄進にたよる勧進よりはるかに効果的であったことは間違いない。そのため畿内の大寺院においても「檀那」依存をしだいに強めてゆくが、鎌倉後期に諸国に勧進のため棟別銭がかけられているのは、こうした寺院や勧進上人よりの申請の結果であった。

延応二年（一二四〇）二月の「高野山住僧等解[47]」には、賦課的色彩を強めてゆく勧進の例がみえる。それによると、高野山は頽落した宝塔の修理を初めは「准先例　申勅修理之処」、一向に朝廷の承認が得られず、ついに高野山が勧進を行なうことに至った由が述べられ、そのための勅許も得たが、その際「雖然　若無幕府（武家）御裁定者　難知編戸之承伏也　望請裁断　早任宣下旨　依勧進状　国郡庄園不可違失之由　被下知地頭幷守護所」と、幕府の協力を得てその支配機構に依存しなければ効果がない旨を訴えている。これなどは、畿内寺院の勧進といえども従来の方法のみではいかんともしがたい現状にあったことをあきらかにするものであろう。そして弘安五年（一二八二）九月より開始された東寺塔諸堂造営勧進は、幕府の支配機構を通じて棟別銭が勧進のため徴収された早い例である。この年の二月、朝廷より修造勧進の公認権を大勧進憲静は得たが、それに従って九月に五畿内の国司にたいし「神社仏寺権門勢家領」を論ぜず「勧進家家《（ママ）》棟別銭貨拾文宛　用東寺塔□諸堂造営料」を徴収する太政官符が出された[48]。形式的には朝廷よりの命令となっていたが、この棟別銭の徴収は、これを受けた幕府の支配機構を全面的に利用したものであったことは『箕面市史』（I）によっても知られる。それによると東寺造営勧進の棟別銭十文の浜崎庄、神崎分計一貫二百五十文を沙汰し、送付したのは摂津守護代であり、豊嶋北条右馬寮御牧棟別銭、計一貫八百十七文を沙汰し送ったのも御家人の代官であった。このことは棟別銭の徴収が宣旨と関東御教書を奉じた幕府武家によって行なわれたことを知る具体的な例であるが、そこにも勧進とはいいながら「未進」という言葉が用いられており、こうした勧進を名目とした棟別銭徴収が、先にみた東国での勧進と同様に強制的賦課となんら変るものでなかったことがあきらかになる。

4節　中世勧進の形態――朝廷助成型勧進

以上において幕府に依存した勧進について述べてきたが、実はこうした勧進にはもう一つの形態があった。

朝廷、院より院宣、勅旨、太政官符等を発布された場合の勧進が全国的な勧進権、および寺領庄園における国衙の諸役の免除や地頭による活動への妨害を排除して、これを自由に経営収納する権限に加えて、造寺料国が与えられた大勧進がその国務にあたり、事業資金・用材等を得ていたことは知られている[49]。そして大勧進による造寺料国が平安時代以来の造寺知行国制をそのまま踏襲したものであったことは先学によって指摘されている。しかし、こうした寺領庄園、知行国での経営が現実には地頭ら在他勢力の妨害によって順達な維持が困難であったこともまた寺院経済史の諸研究があきらかにしている。そこで、寺院においてもそれを補塡するための打開策が要求されてきたのであるが、そこに登場してきたのが山城の淀津、若狭の敦賀津、摂津の兵庫、渡辺津など、商業取引上の交通の要所に設けられた関の関所料徴収によって勧進を有効に進めんとする、朝廷の助成による勧進であった。

寺院造営のための勧進の方便として関所料があてられた初例は、貞応元年の高野山大塔伝法院造営においてといわれている。(50)なかでも古くから供御所であった山城の淀津は寺院造営勧進のため関所料徴収がしばしば認められたところとして知られているが、(51)史料上においてこの淀津の関所料が勧進にあてられた確実な事例は『妙槐記』にみえる弘長元年（一二六一）九月二十五日の金剛山内外院寺社勧進である。

献上
宣旨
伝燈大法師真祐申請　殊蒙天恩　任八幡宮大塔勧進例　於淀津　取上洛船一艘別
銭貨拾文　如元可造営金剛山内外院寺社由事
仰　依請　以五ヶ年為年限

右　宣旨　可令下知給　仍言上如件　経業謹言
九月廿五日　大進経業奉

これによると真祐大法師によって申し入れられた金剛山勧進にたいし五カ年を限って淀津における上洛船一艘あたり拾文の関所料を徴収し、これをもって勧進の資金にあてることが朝廷より認められているが、その先例として石清水八幡宮の大塔勧進があげられており、すでにこれ以前に、淀津において石清水八幡宮が上洛船から拾文ずつを勧進のため徴収することがあったようである。

ところでこうした関銭の徴収が、幕府依存型の勧進に対応する勧進として寺院より朝廷へ申請されたものであったことは、『東宝記』にみえる東寺の塔婆勧進の例によって知りうる。

私云　文永七年炎上…(中略)…而文永炎上以後無修造之沙汰　至弘安元年四月十九日　被仰中院中納言具房卿　以対馬嶋為析所　雖及修造之朝議　正税依無実厦作不成功　爰願行上人憲静為大勧進　令下向関東之處　准高野山大塔吉野蔵王堂

例　被付淀関所　急速遂成風　及永仁元年造畢

ここには、対馬国を造営料国として与えられながら、経営の困難さから造営活動の主体を勧進に求め、淀関における舟別あたりの関所料徴収に転換したことがあきらかにされている。[52]そして先の石清水八幡宮大塔勧進、金剛山造営勧進に加えて、ここで高野山大塔勧進、吉野蔵王堂勧進および東寺塔婆勧進が、淀津においてたてつづけに行なわれていることは、勧進を名目とした関銭徴収がいかに寺院造営、復興活動を促進させるものであったかを物語っている。

鎌倉時代も後期に入ると、畿内の大寺院や四国の善通寺などは造営料獲得のため、こうした朝廷助成型の勧進へと移行している。その具体的事例については相田二郎氏が紹介されておりそれに譲るが、[53]東大寺の場合においても巡歴型勧進による奉加物の徴収から造営料国経営そして関銭徴収による勧進へという動向はうかがえる。

延慶元年（一三〇八）十二月に東大寺は伏見上皇の院宣をもって兵庫関の石別升米および置石の徴収権を得たが、その背景に寺領における年貢未進、地頭の押妨があったことはすでに指摘されている[54]。そこで東大寺はこのような寺領の不安、庄園中心経済にたいする依存度の軽減に対処するため新しい財源を求めたのであるが、その背景には、重源以来の造営活動の中心地の一つである周防国の杣と呼ばれた得地保の動向が関連していたように思われる。この周防国の杣は、当時上得地保と下得地保さらには富田の三地域に分かれていたが、その経営は東大寺造営料国に周防国が提供された以前からの伝領関係と複雑にからみあって、必ずしも安定したものではなかった。なかでも上得地保は重源と親しい関係にあった九条兼実の家領であり、その初期においては順調な経営が行なわれていたが、寛喜三年（一二三一）以後の東大寺領となるに及び問題が多く残され、嘉禎二年（一二三六）この地は九条家ゆかりの東福寺造営料とされ、以後上得地保をめぐって東大寺と東福寺は対立状態を続けている[55]。しかし徳治二年（一三〇七）に至って上得地保を国衙すなわち東大寺に返付する旨の院宣が出され、一度は東福寺の手を離れることになる。しかし上得地保はその直後ふたたび東福寺造営料として安堵されている。その間の事情はあきらかではないが、ともかく延慶元年（一三〇八）には東大寺の反論にもかかわらず上得地保は国衙領から離れた。ちなみに下得地保も暦応二年（一三三九）には東福寺領となり、東大寺は重源以来の修造の拠り所を鎌倉末期から南北朝期にかけての時期に一挙に失ってしまったのである。この上得地保をめぐる東大寺と東福寺の争いに最終的に決着がつき、東大寺が杣の一角を失ったその年の十二月二十日に、東大寺は兵庫関の関料徴収権を得ているのである。無論、この事件が唯一の契機とは思われないが、こうした造営料国をめぐる不安定な状態が東大寺側をして勧進を名目とする関銭徴収へと動かした理由の一つであったことは疑いない。しかも東大寺の兵庫関の領有は、それまで五カ年、六カ年と徴収期間を限定したものから、一歩進んで関の永代領有を認めるというものであった[56]。

鎌倉期の東大寺勧進所の経済的活動については、その勧進聖集団の実態とともに永村真氏が詳細に論じられている[57]。勧進聖集団の構成要員の一員であった燈油聖が職業型聖の性格を強めるなかで確立した油倉が、田地経営のなかでしだいに商行為を強化し、銭貨蓄積によってやがて東大寺内有数の財政経済機構に成長してゆく姿は、東大寺における従来からの寺院維持経営が変質してゆく様子をきわめて象徴的に知らせてくれるが、そのことは、関銭徴収による銭の直接的かつ恒常的な収入の可能な勧進形態へと東大寺の姿勢が転換してゆくなかからもうかがえる。

棟別銭徴収による勧進、関銭徴収による勧進、それらは従来の勧進の概念からすればいずれも公的権力の強制力を背景としたものであり、勧進というにはいささかその定義を脱するものであるかもしれない。しかしこれらの勧進形態が、「門ことにすゝめあるく」勧進ではもはや勧進活動が完全に充足しえなくなった段階において、勧進を有効に進めるため創案されてきた勧進の方法の一つであったことはあきらかである。そしてそれは重源以降の勧進の史的展開のなかで出現した、きわめて中世的な勧進形態であったことも確かである。これによって寺院は、造営、維持活動を順調に行なうことを可能にした。その意味では寺院経済の上で積極的意義を有するものであったといえる。しかし反面において、為政者たちと結びつくことによって初めて可能となるこうした勧進には、もはやかつての聖的勧進の性格はいささかも見受けられない(58)。その意味では、こうした強制力を背景とした——いわばノルマ型勧進の出現によって、勧進はあきらかに寺院財政を支える経済的手段と化したといえるのである。

5節　興行型勧進の登場

a 寺宝の出開帳（日本型展覧会の先駆）

就中　当世勧進充満国土　虚実難弁　然者　近奉渡御舎利於貴寺之辺　勧有縁知識令供養　若有其施者　以彼為用途　欲遂修造之大功

建長七年（一二五五）八月五日付の興福寺宛の唐招提寺の牒状[59]には、鎌倉時代中期ごろの勧進の隆盛の様子が「当世勧進充満国土」として描かれている。そしてその中で他寺の勧進と競合しつつより多くの募金を獲得しようとする唐招提寺の姿、そのため秘蔵の仏舎利を勧進の方便として利用し、これを人の在来の盛んな興福寺近辺へ運んで出開帳しようとする動き、これらが書状からうかがえる。

勧進が寺院の維持、復興のためきわめて有効な経済活動として認められるようになる鎌倉時代中期になると、講や説教や仏像などを勧進の方便として用い聴聞料や見物料を徴収する興行型勧進が出現するが、この唐招提寺の仏舎利出開帳はその早い例の一つであり、しかも興行型勧進が成立してくる背景を明らかにしていることにおいて注目させられる史料である。

すでに記したが、仏教用語としての勧進は、人々に善行をすすめ仏道に結縁せしめることを指しており勧化や募縁と同様の意味で使用されている。しかもその言葉がわが国において登場するのは十世紀末の『日本往生極楽記』などが早い例であり、そのことからして勧進は広く仏教一般ではなく往生の真実をあきらかにし浄土教信仰をすすめるものであったことが知れる。そしてこの勧進を担ったのが既成顕密教団から離脱した念仏者「聖」であった。聖たちは庶民社会に浄土教を流布した主役であるが、その具体的布教手段として、講なかんずく、不断念仏講、迎講、大念仏講等の念仏講、説教、さらには遊行しつつ人々を結縁する勧進を用いていたのである。ところで聖の宗教活動の特色は、寺院学僧や貴族社会における浄土信仰が観想による主知的個人的なものであったのにたいし、供養的群衆的活動であったところに求められるが[60]、そこに結縁の衆を広くつのる勧進をもって講や説教を興行する道も開かれたのである。

井上光貞氏によれば、こうした勧進による念仏講はすでに院政期の百万遍念仏においても知られるといい[61]、重源も渡辺別所等において迎講を催している[62]。また寛喜元年（一二二九）六月に京都川崎において催された諸国遊行の勧進聖である聖法印の説法[63]も、説教が勧進の興行の対象となっていることを示している。もちろんこうした事例は講や説教が勧進の手段化されたものではない。あくまで活動の中核は講、説教が形成し、それへの結縁者、聴聞衆を広く求める方便として勧進が用いられていたのであった。

しかし、京都のように新商工地区「町」の発展がみられ、経済力を有した新興商工業者の抬頭がみられるところにおいて、「今日聖法印説法　聴聞衆又群衆[64]」とみえるように講や説教に彼らが聴聞衆として群集するとなれば、「而草創年舊而仏閣甍傾扶持人絶而僧院荒蕪　中比海往山上人聊雖被加修治　其又季移而破壊如元　朝夕見之

眼晩　寤寐思之□□　以何方便修営　以何計略支之(65)」と、寺院維持、修営に頭を悩ましていた寺院に、講、説教、仏像などを勧進の方便として興行し資金を得ようとする動きがあらわれるのも無理からぬところである。そこで鎌倉時代中期に至ると、こうした講、説教などが勧進の方便化するという逆転現象が起こってきたわけであるが、ここに「門ことにすゝめあるく」巡歴型勧進から展開し、檀那依存の勧進とも別の推移をたどる興行型勧進の成立がみられるのである。

こうした勧進は東大寺、高野山、東寺など前節で述べてきた寺院とは異なり公的権力や保護の薄い寺院において顕著であるが、なかでも庶民層を基盤とした寺院においては興行型勧進への依存度も高く、より多くの資金を獲得するため種々の方便が用いられたのである。『円照上人行状』によれば正嘉元年（一二五七）の春に元興寺は僧房造営のため勧進法華講説を行なっている。

正嘉元年丁巳之春　為造元興寺僧房講説法華　勧進道俗聴衆雲集満殿塞庭　二門学侶来影列袖　三蔵英匠往赴並肩　施財産而造僧房　捨資貯而立衆菴　一日所施

　銭穀如山　功夫不久　造大小房

円照上人[66]の法華経講説を境内において勧進興行したところ道俗聴衆が殿に満ち庭を塞ぐほど集まり、一日で奉加の「銭穀」が山の如く集まったとみえる。興行として成功であったことはあきらかである。そしてこの勧進によって元興寺は僧房を修営しているのである[67]。

ところで先の唐招提寺の仏舎利開帳による勧進と、元興寺の法華講説による勧進には現実の時代的差はない。しかしここには、やがて興行型勧進がたどる道すじがきわめて示唆的にあらわれている。それは元興寺の勧進が寺内に興行の場を求めているのにたいし、唐招提寺仏舎利の寺外での開帳は「雖可啻寺而勧進　且有参詣之煩　且無供養□《之》儔歟[68]」として興福寺近辺への出開帳であったことである。興行型勧進の登場によって勧進が固定した活動の「場」を有することになったことは、勧進の中世的展開のなかでも重要な出来事であるが、それが拠点の寺院を場として興行されるもの以外に、供養の効果が勘案されて寺院の外へ出てその地で興行されるようになってゆく道程がここにはうかがえる。

当時の勧進がめざしたところといえば、それは最大の人口を誇り、経済的にも豊かな京都である。承久元年（一二一九）に讃岐国千光院の勧進聖蓮阿弥陀仏が上洛し六条町において鋳鐘のための勧進を行なっているのは地方寺院による京中での勧進を知る早い例であるが、[69] 寛元元年（一二四三）には摂津勝尾寺が寺院修造勧進として本尊仏の出開帳を京都において大々的に興行している。

『梁塵秘抄』の中で聖のおわす所の一つにあげられている勝尾寺においては、すでにこの出開帳を興行する以前から造堂、[70] そして次にみるような法事などの維持のための勧進を行なっている。

（摂津島下郡）
二段在萱野村　所当四斗器物同前
一段在萱野村　所当参斗器物同前
依聖寂勧進　監物入道宗実　寄進本堂三ケ月燈油用途畢

畠一段在萱野村　所当油貳升八合定
依聖寂勧進　河尻備中局　寄進本堂二ケ月燈油用途
畠一段在萱野村　所当油貳升八合定
依聖寂勧進　河尻伊与君　寄進本堂二ケ月燈油料了
已上合一町八段　田一町六段 畠二段

（後略）

嘉禎元年（一二三五）十二月に「勝尾僑住假名沙門聖寂」が提出した施入状(71)の一部だが「都鄙流浪之間　若夫頓死者　後悔何及」とみずから記していることや、その名よりして聖寂が遊行聖であったことが知れる。ところでこれには前文が欠けており、聖寂の勧進により施入田畠はさらに多かったと想像しうるが、その用途は次のように多岐にわたっている。

一、宛置本堂薬師如来　千手観音永代夜燈用途
一、宛置本堂正月八日修正用途

一、宛置薬師観音御仏供
一、宛置於当山塔内　二月十五日夜可修釈迦尊報恩斎筵用途
一、宛置七月十五日可修羅漢供用途
一、宛置十月四日開成王子聖忌八講導師布施

これによって日常的な法会、仏事の維持に勧進が大きな役割を果たしていたことがあきらかになるが、寛元元年にはさらに「本堂・常行堂大床敷之　拝殿鐘楼葺之　本堂北面葺」の資金確保のため、勝尾寺は本堂の中尊薬師如来像と百済よりの請来仏観音像を京都において出開帳したのである。[72] その期間は五月二十一日から八月十五日の間であった。そして京都に運ばれた本尊仏等は勧進の効果をよりあげるため二カ所で開帳することとされた。

勧進道場　初四条高倉尺迦堂　後二条東洞院地蔵堂也

とみえる。これはあきらかに、勝尾寺の出開帳が四条界隈の下京の新興商工業者と、二条界隈の上京に住いする公家、官人らを意識しての結果であったと思われる。[73] この

あたりに勝尾寺の並々ならぬ配慮がうかがえるが、その結果「見物二百貫也」という成果をあげている。ちなみに鎌倉中後期の梵鐘の作成に必要な額は三十貫文前後であったと推定でき、この開帳の収入を鋳鐘にあてれば約七つの梵鐘を完成させることのできる額である。

b縁起絵巻の利用（日本型宗教絵画の需要）

ところで勝尾寺はこの京都滞在中に興味ある動向を示している。それは十貫余を出して京都の絵師に「当寺四巻絵」、すなわち『勝尾寺縁起絵巻』の作成を依頼していることである。

此時　当寺四巻絵書顯　三巻淡路法橋（不知実名）書顯之　一巻ハ（證如伝）内蔵入道（曲二郎也）書之　絵用途十余貫也　於安居院被書之

唱導の安居院として有名な安居院において『勝尾寺縁起絵巻』は作成されたのであるが、この時期、安居院は唱導説教による勧進活動[74]とともに、こうした各地の寺院の依頼を受けて縁起絵巻を作成する活動をもあわせ行なっていたことが知られる。唱導と絵巻、それは絵解きのための二つの構成要素であるが、その二つはきわめて身近な関係にあったことを示している。

それでは勝尾寺が京都での出開帳に際して、十余貫を出して縁起絵巻を作成した意図はどこにあったのだろうか。その目的は、縁起絵巻を作成してさらに勧進のための新しい手段として用いようとしたのである。(75) 文応二年（一二六一）二月の「勝尾寺衆徒等訴状案」の中には、こうして描かれた縁起絵巻によって勝尾寺の縁起・霊験を知った故佐々木近江守の後家禅尼専阿弥陀仏が土地を寄進するに至ったことが記されている。

右　當寺者　善中・善算草創之地也　天平之暦雖遙　證如上人往生之跡…（中略）…綷之勝絶　難及翰墨　具旨見于絵幷縁起之文　因茲　故佐々木江州禅門後家天王寺塔内禅尼専阿弥陀仏号佐々木禅尼　去宝治二年四月之比　参詣当寺之時　不堪貴敬之思　為彼世菩提　被寄進両所名田畢…（中略）…此内以舟井名田者擬当寺般

若会料田[76]……

つまり、出開帳勧進によって得た収入資金の一部で寺院縁起を作成し、それを新たな勧進手段とし、その縁起を見せることによって名田の寄進を受け、その一つの名田を般若会の料田にあて、もう一カ所の名田を本堂と阿弥陀両堂の燈油田にあてているのである。勧進によって得た資金が、さらに新たな勧進の手段を生み出し、それによる勧進がさらに大きな資財を生むという、勧進活動に依存した寺院財政の驚くべき経済システムが、今までみてきた勝尾寺の一連の勧進活動のなかからうかがい知れる。

c 勧進芸能（日本型芸能興行の先駆）

そして芸能もこうした動向のなかで勧進の方便として用いられるようになる。管見のうちでは宝治二年（一二四八）三月二十三日にこの勝尾寺において稚児舞楽が興行されたのが勧進興行として芸能が催された初見である。[77]

宝治二年戊申三月廿三日。當寺般若會興行有之、導師禪覺僧都也、舞師天

王寺六《薗》郎八郎也、

舞児　左　乙若 京 廿二　鶴熊 豊州 十九　幸寸 河尻 十五　長寸 ヨノノ牧 十八

右　松壽 天王寺 舞師甥 十八　伊王 少瀧 十八　熊王 野瀬 十六　香王 野瀬 十六

此度此會興行者、天王寺定智房勸進也、

文応二年の勝尾寺衆徒等訴状案によると、勝尾寺は先の専阿弥陀仏から寄進された名田の一つをもって「擬当寺般若会料田」としており、それ以前は般若会を自力で維持、興行することが困難だったことがあきらかになる。そこで勝尾寺はこの般若会を他寺の勧進聖に請負わせ、それの収入によって「塔大床作之」と修営を成し、あわせて般若会の維持に成功したのである。その勧進舞楽を興行するため呼ばれたのが四天王寺の定智房なる勧進僧であった。「此度此会興行者　天王寺定智房勧進也」とみえる。

ところでこの定智房なる勧進僧は勝尾寺衆徒等訴状案によると「佐々木禅尼後見定智房」とみえ、禅尼専阿弥陀仏の後見をも兼ねていた僧であった。おそらく専阿弥陀仏は定智房の有力なパトロン的存在であり、定智房がその世話方を務めていたと思われるが、この専阿弥陀仏が「四月之比」にこの勝尾寺に参詣したのである[78]。そしてこの勝尾寺において縁起絵を見て、土地を寄進するに至ったことはすでに記した。禅尼専阿弥陀仏が四天王寺からはるばる勝尾寺に参詣した背景に、勧進僧定智房が関与していたことはあきらかである。しかも専阿弥陀仏から寄進された土地が般若会料田とされているところに、般若会興行と寄進が密接に関係していたことがうかがえる。その意味では、勝尾寺は定智房に般若会を請負わせることによって勧進舞楽の興行の場として般若会を利用するとともに、縁起絵巻による勧進の場としても利用したことになる。こうした般若会を場とした稚児舞楽による勧進興行は、翌年の宝治三年（一二四九）三月七日にも、さらには翌々年の建長二年（一二五〇）三月六日にも催されている。そして建長二年の般若会興行には京都より勧修寺僧正御房が「為見物」入御したとみえ、勝尾寺の勧進興行が京中の人々の間でも評判になっていたことをあきらかにしている。

このように十三世紀半ばに行なわれていた勝尾寺の修造、仏事維持の勧進は、当時の寺院の財政復興のため勧進活動が効果的な役割を担っていることをあきらかにしていることにおいて重要な意義をもつものであるが、勧進の形態に注目しても、本尊仏の出開帳、縁起絵巻の利用、芸能興行という室町時代に入ると最も一般的な勧進形態となる興行型勧進の方便の三大代表がいずれも用いられていることにおいて、わが国勧進史上でも貴重な位置を占めるものといえる。その意味で、われわれはこの勝尾寺の勧進のなかに室町時代の勧進の先駆的活動を見いだすことができる。

6節　近世的勧進への道――ノルマ型勧進から興行型勧進への移行

南北朝期から室町時代へ入ると、ノルマ型ともいえる勧進は京都においても見受けられるようになる。例えば『蔭凉軒日録』長禄四年（一四六〇）三月二日の条には、南禅寺仏殿勧進の事を伺うとして次のように記されている。

於洛中而人別一文　勧進先規　東福寺仏殿被勧之例披露之　依之御奉書可被免之由　被仰出也…（中略）…南禅寺仏殿　洛中一文勧進之□（考脱か）以東福寺仏殿虎関和尚勧進之例　自南禅寺白之

この年、南禅寺は仏殿造営のため洛中人別一文勧進を行なおうとしたのであるが、それはすでに貞和三年（一三四七）六月に上棟された（『園大暦』）虎関師錬による東福寺仏殿造営勧進が人別一文勧進を行なっている先例があったからである。この勧進の方法は、かつて鎌倉新大仏の浄光が東海・東山・山陰・山陽・西国・北陸において行なおうとした人別一文の勧進であったが[79]、それが足利政権が誕生してまもない時期に京都に導入されていることは興味深いことといえる。

しかしこの時代に至ると、かつての強制力を背景とした賦課徴収的な勧進はしだいに人々の抵抗を受けるようになる。例えば享徳三年（一四五四）には東福寺塔婆造営勧進のため京都法性寺大路に関所が新たに構えられたが、これにたいし醍醐山科あたりの農民は激しく抵抗した。「法性寺大路　為東福寺沙汰立新関　是間塔婆造立云々醍醐山科已下近辺土民令同心　昨今寄于法性寺大路　可焼東福寺之由企云々」。その結果、両者は「及合戦云々　寺家修造司一人討死　長不可立関之由　仍土民等退散属無為云々[80]」と東福寺側にも犠牲者が出るに至っている。このため勧進の手段とされた関所は撤廃されている。

こうした勧進にたいする抵抗は地方においてもみられ、文安元年（一四四四）の丹波国大山庄一井谷百姓等申状には守護代からの勧進にたいし、

ゐ中之事ハうえかつへ候て　用之夫日役之事さへ仕かね候間　かやうの斫足ハ一銭も秘計を仕候ハんする事あるましく候[81]

と在地においては百姓が一致して勧進の斫足を拒否する旨があきらかにされている。

こうした事例は、賦課的勧進が室町時代に入ると一段と臨時課役の色彩を色濃くした結果であるが、それとともに「壱貫之在所へハ三貫、弐貫之在所へハ五貫御かけ候……内藤殿父子共両人　又遁世物一人　是も勧進を在所ニ付せられ候[82]」と、勧進が個人的私利益の追求のための単なる名目とされてきたことにもよる。

それゆえ、こうした形態の勧進はもはや京の住民にとっても、地方の村民にとってもなんら結縁の喜びを、法界での平等利益を、もたらしてくれるものではなくなったのである。そこにあるのはただ苦痛と生活をおびやかす活動でしかなかった。そこに鎌倉時代においては勧進を最も有効に進める方法であったノルマ型勧進が、室町時代に入って、勧進の主役を興行型勧進に譲る原因が求められる(83)。

これにたいして、勝尾寺修造勧進において室町時代の興行型勧進の先駆的形態を成立させていた興行型勧進は、それ以後も勧進への資金提出者である庶民の意識、愛好するところの変化に対応し、より新しい興味ある手段を開拓していく。縁起絵巻などにおいても勧進聖の判者のもと専業絵解が「絵を語り、比巴ひきてふる」という『三十二番職人歌合』の例が象徴的に示すような、より人々に好まれる芸を身につけた絵解による方法が導入されてくるところに、その後の発展がうかがえる。さらには勧進法会や講において桟敷が設けられてくるのも、同様の動きのなかで位置づけることができる。文永元年（一二六四）十月三十日の京都洛西の法輪寺橋の勧進には、

法輪寺橋供養也　勧進上人南無願之沙汰也　両院御幸　土御門大納言　桟敷御見
　物　於橋上有迎講事[84]

とみえ、桟敷が設けられたことをあきらかにしている。景勝嵐山の山々を背景として阿弥陀来迎の様を再現した法輪寺橋の迎講興行は、それを見る人々にこの世のものとも思われぬ世界を感得させたことと想像しうるが、そこには室町時代の勧進田楽や勧進猿楽を興行した勧進僧たちと相通じるみごとな演出と、したたかな計算がうかがえる。

田楽、猿楽の登場は、こうした中世的展開をとげてきた興行型勧進がその収入増加の切り札として発見した方便の一つであったといえる。それは早くから京都において、また各地の村落神事において、社寺の芸能として広く社会各階層間に愛好されてきたものであり、鎌倉時代末期には田楽に続いて猿楽も芸団組織を確立させ、人々が勧進興行として見るに値する芸能的達成もとげていた[85]。より新しい勧進の方便を求めていた寺院がこれを見逃すわけもなかったのである[86]。しかしここで注目したいのは、この勧進田楽や勧進猿楽が寺院側の要求によってのみ登場したものではなかったことであろう。それは「かの勧進という……特殊な興行形態こそ彼ら猿楽座の在京生活を合理化するために案出或は利用されたものと推定する」という見解(87)や「勧進興行という新たな勧進の方式を芸団の側は新しい興行の方式として主体的に受けとめたのである」という見解(88)によって知りうる。しかもそれは芸団側の社会的進出の意向があって初めて可能だったといわれている。このことは庶民の意識、好みに対応した勧進がその切り札として発見した手段が、同時に皮肉にも勧進そのものの風化をもたらすものであったことを意味している。

すなわち勧進を芸団側が利用し、みずからの芸能興行のための手段とするという逆転現象が、やがて勧進田楽、勧進猿楽の中で起こってくるからである。かつて講や説教を勧進の方便として用いることによって中世的勧進形態の一つとして興行型勧進が成立してきたことを指摘したが、ここに至って、その勧進を芸能演者たちが興行のための手段化するという現象が起こりはじめるのである。

室町時代に入ると、こうした新しい芸能の導入や、勧進聖の縁起語り、絵解の隆盛などによって、勧進はより広汎な社会階層の人々の奉加と、より大規模な活動形態をとりうるものへと発展をとげ、興行型勧進は寺院勧進の主流を形成するようになるが、それは同時に、聖の宗教作善として出発した勧進が、本来的な意義を自己解体しつつ、芸能演者や唱導者など広義の意味での芸能の担い手たちの興行活動の名目と化して、新たなる歴史的展開をとげる「近世的」な道程への出発をも意味していたのである。

註

(1) 本書第一章「中世的「勧進」の形成過程」
(2) 本書第二章「東大寺大勧進職の成立」
(3) 「東大寺伽藍並宝物目録」(『公慶上人年譜聚英』東大寺、一九五四年)
(4) 永村真「東大寺大勧進職と油倉の成立」(『民衆史研究』一二号、一九七四年)
(5) 栄西書状『鎌倉遺文』一六八八号
(6) 建久八年重源譲状(『俊乗坊重源史料集成』奈良国立文化財研究所、一九六五年)

（7）『南無阿弥陀仏作善集』
（8）鐘楼岡別所から東大寺別所への名称の変更の意義については、本書第二章「東大寺大勧進職の成立」の中で触れている。
（9）本書第二章「東大寺大勧進職の成立」
（10）重源が何ゆえこの段階において大勧進に就任したかについては、重源側、東大寺側それぞれの立場から考えられるところをすでに記したが（註（9））、重源の考えのなかに私的に組織した配下の勧進聖集団の利権を公的に認めさせる必要があったことは確かであろう。
（11）註（9）と同じ。
（12）『鎌倉遺文』一六九三号
（13）この間の事情は正治二年に至って北円堂の造営のため備後国が知行国として与えられたことからもうかがえる（竹内理三『寺領荘園の研究』〈竹内理三著作集第三巻、角川書店、一九九九年〉）。
（14）井上光貞『日本浄土教成立史の研究』（山川出版社、一九七五年）
（15）『玉葉』建久六年九月三日
（16）運西申状『高山寺古文書』第三部九四号、『鎌倉遺文』一三〇六号
（17）本書第一章「中世的「勧進」の形成過程」
（18）山本栄吾「東大寺歴代の大勧進職」（『日本建築学会研究報告』36、一九五六年）、註（4）

永村真「東大寺大勧進職と油倉の成立」などに掲載された、東大寺大勧進職歴代表による。
(19)『東大寺文書』寛喜三年四月十日大勧進権律師行勇請文(三坂圭治『周防国府の研究』〈積文社、一九三三年〉所収)
(20)『玉葉』建久四年四月九日
(21)註(9)と同じ。
(22)『鎌倉遺文』一二〇三号
(23)『百練抄』元久元年四月五日
(24)『鎌倉遺文』五二一四号
(25)遠藤元男『日本職人史の研究』(雄山閣、一九六一年)
(26)註(17)と同じ。
(27)『鎌倉遺文』七二二一号
(28)例えば慶長三年(一五九八)銘の佐賀県与賀御庄鎮守宮鐘に大勧進として左衛門尉惟宗茂長の名がみえ(『日本古鐘銘集成』一〇五二)、元興寺聖徳太子像胎内文書の文永五年(一二六八)分の勧進結縁交名に「桑井大工勧進」とみえる(『元興寺編年史料』中巻)。
(29)『平安遺文』三六六八号
(30)鎌倉時代の勧進帳の早い例としては、文治二年(一一八六)元興寺玉華院造立勧進帳、建久十年(一一九九)山城国出雲寺造営勧進帳、正治二年(一二〇〇)伊賀国常楽寺阿弥陀堂

勧進帳などがあげられる。また大日本仏教全書『寺誌叢書』、正統『群書類従』釈家部にも各地の寺院の勧進帳が紹介されている。なお勧進帳等そのものの考察については、美術史の立場から河原由雄氏が「勧進の美術」（『日本美術工芸』三八一号）において詳細に論じられている。

(31) 捧此勅書廻諸国　又在上人之勧進帳　彼此共□□一輪車普令見知諸人　以彼草六輌　令配六道　□盧那仏幷脇士四天像六鋪　以毎車被副也

(32) 『鎌倉遺文』三三〇一号

(33) 『大日本金石史』第二巻二六

(34) 『鎌倉遺文』八二四四号

(35) 国守進「周防国安養寺と伝重源作三重塔版木」（『日本歴史』一九七四年十月号）

(36) 『元興寺編年史料』中巻

(37) 泥塔についても泥塔供養に用いられていたものが、しだいに勧進の方便として使用されるようになっていったものと考える。泥塔と勧進の関係については、柴田実氏が『六波羅蜜寺民俗資料緊急調査報告書』で論及されている。

(38) 『日本古鐘銘集成』三五

(39) 『日本古鐘銘集成』一〇六一

(40) 『鎌倉遺文』五四八四号。また『吾妻鏡』嘉禎四年（一二三八）三月二十三日には「今日相模国深澤里大仏堂事始也　僧浄光令勧進尊卑緇素　企此営作云々」とみえ、幕府が大仏については最初から認知していたことが知れる。
(41) 本書第一章「中世的「勧進」の形成過程」
(42) 『鎌倉遺文』二二一九号
(43) 『吾妻鏡』文治四年三月十日
(44) 『吾妻鏡』建久五年五月二十九日
(45) 『鎌倉遺文』九三七号
(46) 註(40)と同じ。
(47) 『鎌倉遺文』五五二八号
(48) 『勝尾寺文書』弘安五年太政官符（『箕面市史』史料編一）
(49) 五来重『高野聖』（角川新書、一九六五年）、註(13)竹内理三『寺領荘園の研究』
(50) 相田二郎『中世の関所』（畝傍書房、一九四三年）
(51) 同右。
(52) なおこの記事から淀津関所は幕府によって与えられたとする見解がみられるが、畿内近辺の関の関所設置などの諸権限が鎌倉時代においては王朝権力側の手にあったことは、網野善彦氏の「中世都市論」（岩波講座『日本歴史』7）や小林保夫氏の「南北朝・室町期の過所発給について」（『名古屋大学日本史論集』上、吉川弘文館、一九七五年）の中であきらかにされている。
(53) 註(50)相田二郎『中世の関所』三四八頁。
(54) 平岡定海『東大寺の歴史』
(55) 国守進「周防杣の伝領と経営」(『山口県文書館研究紀要』二号、一九七三年)。なお周防国の杣の動向に関してはこの論文に負うところが大きい。
(56) 註(50)と同じ。
(57) 註(4)永村真「東大寺大勧進職と油倉の成立」
(58) 建長六年(一二五四)に成立したといわれる『古今著聞集』の「西行法師後徳大寺左大臣実定中将公衡等の在所を尋ぬる事」には、西行法師の説話として次のような事柄が記されている。西行は出家ののちに京へ戻り、徳大寺家のあとの蔵人頭に中将公衡が任ぜられるよう運動することを勧めるが、公衡は「母尼堂」を建立したい願いがあり、その願いがすんでのちに相計いますと断わる。そして「出家の身にて口入せむこと、すゝめ法師に似たらんずればﾞ」と答えたというのである。公衡のこの言葉の中には、勧進聖が官位昇進や世俗のことに口出しする、さもしい存在であるとの認識がみられるが、そうした当時の勧進聖にたいする世評と、為政者と結びついて進められたノルマ的勧進とは、決して無関係なものではなかったであろう。
(59) 『鎌倉遺文』七八八六号

(60) 堀一郎『我が国民間信仰史の研究』宗教史編（創元社、一九五三年）
(61) 註(14)井上光貞『日本浄土教成立史の研究』
(62) 『南無阿弥陀仏作善集』
(63) 『明月記』寛喜元年六月三日
(64) 同右。
(65) 註(59)と同じ。
(66) 円照はこの年の冬に東大寺大勧進に就任し、戒壇院を再興し、文永七年（一二七〇）にその地位を辞すまで十三年間その地位にあった。
(67) 説法による勧進は鎌倉時代において盛んに行なわれていたようで、文学作品ではあるが弘安年間（一二七八〜八八）に無住によって著された『沙石集』にも「六角堂ノ焼失ノ時、彼勧進ノ為ニ、日々ニ説法アリケリ」（巻六、説経師下風讃タル事）、「嵯峨釈迦堂ノ炎上ノ時、勧進ノ為ニ、五十日ノ間、毎日勧進ノ説法アリケリ」（巻六、嵯峨説法事）などと記されている。そしてここには、説経者の話術の巧みさが、募金に大いに関係していたことが描きだされている。
(68) 註(59)と同じ。
(69) 『明月記』文暦二年（一二三五）閏六月十九日条には、この日より前に洛中の辻に善光寺仏が写絵として掲げられ、都人がこれを拝さんとして群集したとみえ、また『百練抄』嘉禎二年六日によると、葬送地として名高い神楽岡の中山観音堂辺で行基菩薩の遺骨と称して細瓶を安置して参詣の輩を集めた者があったようであるが、これらも京中における興行的色彩の強い勧進の例であろう。

(70) 『箕面市史』(Ⅰ)には、寿永三年（一一八四）二月の兵火によって伽藍の大部分を焼かれた勝尾寺は翌文治元年（一一八五）本堂の再建を始めるが、その費用は「知識米」八十余石によってまかなったとみえる。文治二年にも鎮守宝殿の再建を図っているが、それも知識米六十余石に依ったという。続いて文治四年には常行堂の造営が行なわれたが、それも知識米六十余石に依っている。

(71) 『鎌倉遺文』四八七六号

(72) 勝尾寺毎年出来大小事等目録『鎌倉遺文』七一八五号

(73) なお京都への勧進出開帳については、四条東洞院に住む比丘尼妙仏、沙弥西願などの有力な町人の勝尾寺への帰依の結果ではないかと推定されているが（『箕面市史』(Ⅰ)）、当時の勧進の動向からして京都への出開帳の方向はかなり必然的な動きと思われ、それのみを強調する必要はないと考える。ちなみに一遍も弘安七年閏四月十六日関寺より四条京極の釈迦堂に入り、七日後に因幡堂へ、そして三条悲田院、蓮光院、雲居寺六波羅蜜寺、市屋道場と町中の堂宇を利用して念仏勧進を行ない「貴賤上下群をなして人はかへり見る事あたはず」（『一遍聖絵』）という盛況だったという。町堂は早くから京中の勧進の拠地となっていたのである。

(74) 『沙石集』巻六「説経師下風讃タル事」には、

六角堂ノ焼失ノ時、彼勧進ノ為ニ、日々ニ説法アリケリ。聖覚ノ説法セラレケル日、殊ニ聴衆ヲホカリケル……

とみえ、安居院に住いした聖覚による勧進説法の記事がみえる。唱導説法と縁起絵の密接な関係については、赤井達郎氏の「天神縁起絵巻の終焉」(『歴史における芸術と社会』)、福田晃氏の「神道集」(『中世の文学』)において触れられている。

(75) なお京都での勧進出開帳の開始日と同じ五月二十一日に、勝尾寺の寺僧沙弥心空によって「応頂山勝尾寺古流記」が完成している。この時期に寺の由緒を明らかにしておく必要があったのは京都での勧進と関係があったからであろう。『箕面市史』(I)ではこれをもとにして同年五月の「定成卿筆」の勧進帳が作製されたと記している。なお安居院において作製されたのは、「絵用途」とある以上は縁起絵の部分であったと思われる。当時の縁起絵巻の通例として詞書は有名な人物に依頼するのが一般だが、おそらく「定成卿筆」の勧進帳がその詞書に相応するものと考えられる。ちなみに文応二年二月の勝尾寺衆徒等訴状案に「具旨見于絵幷縁起之文」と絵と縁起が幷記されているのは、両者が一体的に用いられていたことを示すものと思われる。

ところでこの縁起絵巻、勧進帳が京都での勧進出開帳においても用いられたようである。

勧進帳が五月中に作製されているのは出開帳においても用いるためであろう。すでにこれ以前の仁治三年（一二四二）七月にも勝尾寺は「行能卿筆」の勧進帳一巻を作製しており、京都での勧進に勧進帳を用いようとしていたらしいことがうかがえる。縁起絵巻の使用によって勧進出開帳の効果はより高まったことであろう。なお、『勝尾寺縁起絵巻』にみえる證如（勝尾寺座主）については『後拾遺往生伝』上巻にその伝記的記述がみえる。

(76)『鎌倉遺文』八六一四号

(77)註(72)と同じ。

(78)「勝尾寺毎年出来大小事等目録」に、般若会勧進稚児舞楽に際し「塔内尼公田一反寄進」とみえる。

(79)『鎌倉遺文』五四八八号

(80)『師郷記』享徳三年六月十一日（註(50)相田二郎『中世の関所』による）

(81)『大山村史』史料編、三九二号

(82)同右。

(83)関東において同様の傾向がうかがえるか否かは今後の課題としたい。『鎌倉市史』史料編によれば、南北朝期に円覚寺造営要脚として安房国、上総国、上野国、下野国等に棟別銭十文がかけられている（史料編(2)二一四、二一五、二一六、二一七）のをはじめ、帆別銭津料、関料が寺院造営のため徴収されている。南北朝期以降こうしたノルマ的勧進が有効に機能したか否か、また京都のように興行型勧進が勧進の主流になりえたのか、勧進の近世的展開のなかでは重要な問題であろう。

(84) 「新抄」(『慈善救済史料』二五〇)

(85) 植木行宣「猿楽能の形成」(『日本の古典芸能』3、平凡社、一九七〇年)

(86) 周知のように勧進猿楽は、林屋辰三郎氏が紹介された文保元年(一三一七)十一月六日の法隆寺惣社前での興行(「中世芸能の社会的基盤」〈『中世文化の基調』東京大学出版会、一九五三年〉)をもって初見とする。

(87) 同右。

(88) 守屋毅「芸能史における近世の萌芽」(『中世の権力と民衆』創元社、一九七〇年)

第四章　中世の勧進と三昧聖

1節　『日本往生極楽記』にみる勧進

『日本往生極楽記』の序文において、慶滋保胤は「大唐弘法寺の釈の迦才」の言葉に託して往生極楽記の作成の意図をつぎのように記している。

迦才の曰く　上には経論二教を引きて　往生のことを証せり　実に良験とす　ただし衆生智浅くして　聖旨を達せず　もし現に往生の者を記せずはその心を勧進することを得じという　誠なるかなこの言

無量寿経、浄土論などの経論を引用し説くことによって往生の真実を知らせることも良験であろうが、衆生にたいしては現に極楽往生の事実をあきらかにする方が、その心をより勧進することになるだろう、だから自分は以下において『日本往生極楽記』を記述し、道俗男女の極楽往生への結縁に供する、というほどの意味であろう。

この十世紀末の慶滋保胤の言葉の中にみられる「勧進」は、わが国における勧進の語としては最も早い時期に属するものの一つである。

仏教用語としての勧進は衆生に善行をすすめ、仏道に結縁せしめることを意味しており、勧化や募縁と同様に用いられている。しかしわが国においては、『日本往生極楽記』など一連の往生伝に見受けられるのが早い例であり、そのことからして勧進は広く仏教一般ではなく、往生の真実をあきらかにし浄土教信仰をすすめるものであったことが知られる。そして、この勧進を担ったのが既成顕密教団から離脱した念仏者（聖）であった。彼らは貴族社会においてみられた浄土教を、庶民社会に流布した主役であるが、その具体的布教手段として用いられたのが講、説教、さらには遊行しつつ数多くの道俗男女を結縁する勧進であった。

その際、勧進はそれまでの単なる布教の意味とともに人々から物質的な喜捨をつのる経済的な活動をも指すようになる。その原因は正式な僧位僧官をもたず、したがって既成教団からなんらの生活の保証を得ることのなかった聖たちが、みずからの生活の糧と事業の資本を勧進活動のなかに求めたからにほかならない。

たとえば、康平五年（一〇六二）に讃岐国曼荼羅寺修造にたずさわった善芳は、「仏法修行往反之次　当寺伽藍逗留之間」に寺の荒廃ぶりを見て再興を志した遊行の聖であったが、彼のめざした勧進は保胤の語った「その心を勧進する」ことによって浄土教を布教することのみならず、「勧進之勤尤可然　仍被奉奉加八木也[1]」と具体的な喜捨を求めるものであったことは、これを証明している。

こうした勧進の推移については江戸時代の『雍州府志』（貞享元年〈一六八四〉刊）の「芝居」項目の中で黒川道祐も、

勧進　勤レ人　使レ赴レ善之謂也

中世以来為二仏神供給一請二米銭一是亦謂二勧進一と指摘しているところであるが、中世にみられる勧進の大部分が後者に属するものであったことは、すでによく知られている。

2節　勧進と三昧聖

このように勧進という活動に込められた意味内容は、時間の推移とともにしだいに変化してゆくが、聖たちによって活動が担われるという勧進の本来的な姿は、中世においても原則として守られていた。『高山寺古文書』にみられる運西申文[2]の、

その中ニ殊ニ申上候あけちのみたう修□《（理）》事　召候はぬあゐた　无縁のひしりをす丶め□《（て）》奉加の帳をつくりて　国の守護みたちをはしめまいらせ候ひて　国中の大名との□《（は）》らをす丶めまいらせ候へは　あけちのみたうの事ニハ尤と　あつかり所との丶御奉加ある□《（へ）》し……

という記事は、十三世紀初頭において勧進活動が直接寺院とは「無縁」の聖によって行なわれることをあきらかにするものである。(3)

こうした寺院の勧進が聖たちによって担われていた例は正治二年（一二〇〇）六月に伊賀国鞆田庄の常楽寺阿弥陀堂の修理に従い「檀越之勧進」のため勧進状を帯びて遍歴した千阿弥陀仏が「巡行伊賀国」の途中で常楽寺へ立ち寄った僧徒であったこと、(4)正応三年（一二九〇）三月の上野国利根庄内の春名権現の鋳鏡勧進に従事した勧進沙弥善阿が「永遠流行」の遊行聖であった例(5)がある。

さらには、鎌倉時代における勧進のなかで本尊仏の京都への出開帳、縁起絵巻の利用、芸能興行という中世後期においては最も一般的な勧進形態となる三大方便を、先駆的に活用した勧進として注目される摂津勝尾寺再興勧進に従っていた勧進聖聖寂も「勝尾僑住假名沙門聖寂」と名乗り、みずから「都鄙流浪之間、若夫頓死者　後悔何及」と記している(6)ことなど、各地において確認することができる。

ところで、東大寺再興勧進に従事した重源もこの例外ではない。治承五年（一一八二）に東大寺知識の詔書を捧げて勧進活動を開始する以前の安元二年（一一七六）に、重源はすでに中院師行の二男時房、三男聖慶およびその縁者の菩提を弔う高野山延寿院の鋳鐘勧進に勧進聖人として参加している。重源の前半生は「南無阿弥陀仏作善集」などによって知りうるが、四国、大峯山、熊野、御獄、葛城山への修行を行なっており、のち醍醐寺に入り理趣三昧僧となっている事実である。(7)

周知のように三昧僧は浄土教とともに発生した死者追善のための職能を担った僧徒であるが、聖たちが寺外において行なっていた活動ときわめて類似した活動を職掌としている。重源が応保二年（一一六二）五月ごろに右大臣久我雅定の遺骨を醍醐寺一乗院本堂床下に埋葬するに際して参加、結縁していることや、(8)藤原重兼の墓上に慈心院塔を造立するにあたり参加、結縁している例(9)などは、つまるところ重源の三昧聖的性格をあきらかにするものといえよう。こうした性格を有した重源が後白河院の推進した東大寺再興大勧進職の地位に就き、その任にあたったことは、その後にみられる勧進に、聖なかんずく三昧聖がたずさわる前例を生みだす一つの要因といえ、中世の勧進の担い手の展開にとって無視できない出来事であるといわねばならない。

網野善彦氏は、室町後期に東大寺大勧進職として活躍した清玉を典例として「無縁」の原理にささえられた「墓所」―「上人・聖」―「勧進」の関係をあきらかにされ、中世社会における勧進活動の本質をきわめて鋭く指摘されたが[10]、清玉と前後して東大寺大勧進職となった祐全の場合も、東大寺の葬所として知られる西方寺を中興している。この西方寺はもと佐保山下にあった東大寺の別院であるが、永禄年間（一五五八～七〇）に松永久秀が多聞城を築城するに及んで奈良市油坂町に移建され、近世には南都総墓所となったものである。寺域内には地蔵堂、鐘楼、墓所、火葬所、ヒジリ小屋、非人頭会所などが付設されていたことはすでに紹介されている[11]。祐全も重源、清玉などと同様に三昧聖的勧進僧の性格をもつ大勧進であったことは疑いない。堀一郎氏はかつて、東大寺の代々の大勧進職は、各地に散在して葬事に従っていた三昧聖を掌握することによって、勧進遊行の機能を果たしていたのではないかと指摘されている[12]。東大寺の勧進活動のすべてがそこに求められるものでないことは近年あきらかにされつつあるが、それにしても、勧進において三昧聖の果たした役割は中世を通じてかなりの比重を占めていたことは確かなことである。

事実、重源の勧進の場合も三昧聖をみずからの配下として組織していたらしいことがうかがえる。そのことをあきらかにするのは、『猪隈関白記』建仁三年（一二〇三）六月十九日条に「聖徳太子御墓舎利　寺僧二人盗取之　件僧流罪了」とみえる聖徳太子墓所よりの舎利盗取事件である。浄戒・見光という二人の僧によって起こされたこの事件は、やがて二人が遠流となって結末をとげるが、その配流の先が「浄戒　遣備前国　見光　遣周防国　件輩可処遠流　而東大寺上人申請配知行国[13]」と、重源が「一向可沙汰」を院より任されていた造営料国であったことは注目してよい。

『法隆寺蔵古今目録抜萃』によると、先の浄戒、見（顕）光という二人の僧徒は「太子御廟寺之僧」とみえ、太子の墓所にかかわる三昧聖的僧であったが、盗取した「太子御牙歯」をもって「遊行于世界　或売買或勧物人云々」とみえるのは、太子の遺骨を利用して諸地において勧進を行なっていたことを示している。そして、先の『猪隈関白記』の記事や『古今目録抜萃』に「此僧二人者　本當麻之住僧也　後移住太子随東大寺勧進上人南無阿弥陀仏俊乗房」とあるところよりすれば、こうした三昧堂的僧徒が重源の配下に組織され勧進活動に従事していたことはあきらかであろう。

3節　作善・結縁する人々の意識

中世後期に至ると、畿内および近江、丹波地方においてしばしば見受けられる三昧聖と勧進との結びつきが、直接的には重源の時代に始まるのではないかという推定や、江戸時代にこれらの地方の三昧聖（御坊聖とも呼ばれる）が東大寺大勧進職の龍松院の配下に属して、龍松院――各国聖惣代という統制組織の下に置かれていた[14]制度の始原がほかならぬ重源の東大寺再興勧進のなかに求められるのではないかなどということを前節で考えてみたわけであるが、一方、勧進の本義からみても三昧聖が勧進に従事することはうなずけることであった。なぜなら最初に紹介した『日本往生極楽記』にも、勧進は往生の真実を人々に説き「その心を勧進すること」と記されており、死者追善と現世者の極楽往生は勧進聖たちが通俗男女の喜捨を得る最も有効な手段だったからである。念仏や写経、鋳鐘や造仏、堂塔維持や修造、さらには架橋や津泊の修築などに結縁し喜捨することは、聖にとっても結縁者にとっても「作善」であり、作善によって亡者の供養、罪業滅障、往生祈願は達成されるという仏教的な救済の回路が勧進を通じて設定されていたのである。

例えば人々の往来する橋が勧進によって架橋され、以後も勧進聖が管理した例が多いことは、すでによく知られている。謡曲「東岸居士」はこうした橋における勧進をうかがう好例である。シテによって「これは先師自然居士の　法界無縁の功力を以て渡し給ひし橋なれば　今またかやうに勧むるなり」と語られるのは勧進由縁の橋であることを強調したものであるが、「生を受くるに任せて　苦に苦しみを受け重ね　死に帰るに随って　冥きより　冥きに赴く」堕地獄の「かかる拙き身」が「勧めに入りつつ彼の岸に到る」のは「慈悲の涙に潤せども　焦熱大焦熱の焔をば　終に湿す事なし」、この身を勧進結縁の作善によって極楽浄土に至るためであったという。橋の勧進聖が実際に何を語って人々を勧進に結縁させたかを、かいまみせてくれる例であろう。

事実、堕地獄譚は中世の勧進聖が最も得意な話として人々の間に持ち歩いたものであった。弘安二年（一二七九）銘のある信州佐久郡新善光寺の鐘銘には、

弘安二年己卯八月十五日

大勧進法阿弥陀仏

勧進説法者二人念阿 道空

とあり、この鋳鐘勧進の責任者である大勧進法阿弥陀仏とともに「勧進説法者」が同行していたことが知れる[15]が、勧進唱導に際して堕地獄譚がいかに広く人々の間に流布されていたかは、すでに室町期を対象に文芸史の立場から徳田和夫氏が詳細に論じられている[16]。

また『看聞御記』応永二十五年（一四一八）三月十二日条の「抑矢田地蔵堂此有勧

進平家。平家最中地蔵菩薩錫杖ヲ振給。仏躰聊動御云々」という矢田地蔵や、諸日記に散見する壬生寺地蔵菩薩の錫杖を持ち歩きつつ縁起を語る勧進[17]など、地蔵菩薩信仰と深く結びついた勧進が、これまた堕地獄とそれからの蘇生譚を唱導していたことは、いうまでもない。

さらに大原の良忍上人によって創始されたという融通念仏は多数の念仏結縁によって功徳が増大されるという融通理念にもとづく念仏であるが、その融通念仏勧進帳には「貴賤男女をすゝめて此念仏の名帳に入奉て　ともに彼国に往生せしめむと請　勧進帳」という主旨のもと、この世を「衆苦充満の穢土」と認識し「後世にはかならず浄刹に往詣して仏果円満の位いたり」という結縁、喜捨へのすすめが記されているのである[18]。

いわば逃れがたき穢土、堕地獄観を示し、人々の罪業を深く認めさせつつ、それを逆に梃子として往生極楽、地獄からの蘇生を祈願させるため、死者追善など勧進の作善に結縁させ喜捨を得るというのが、中世の勧進にみられる「すゝめ」の実際的なありかたであった。

先にみた摂津勝尾寺の勧進においてもこうした「すゝめ」の方式がとられていたことは、勧進に応じた紀氏女が寺への寄進状の中で「願以此功徳　往生極楽界　雖破戒之身　還得清浄不堕悪趣之願　鄭重也」と述べていることからあきらかである。[19] また同様のことは、鋳鐘勧進においてもみられ、

参詣善勝（鐘）寺　撞レ鐘　阿難尊者自二焔王一被二感得一云々タ　撞二此鐘一人再逢二父母一云々

と万里小路時房も語っている。[20]

そして注目したいのは、こうした穢土、堕地獄の観念のうちには色濃く「浄」「不浄」の触穢の思想が入り込んでいたことである。中世において堕地獄と穢の観念が直結していたことをあきらかにされたのは横井清氏であるが、同氏が「中世の触穢思想」[21]の中で紹介された、

去月廿四日歟　本願寺ノ父坊主中風煩厠ニ落入死了　マノアタリ現生ヨリ糞穢地

獄ニ墜了　浅猿《あさまし》々々

という『多聞院日記』の記事は、穢と堕地獄との日常レベルでの不可分な認識を示している。

また堕地獄と結びついた穢土の観念が清目を職掌とした「宿」の非人や「墓所」の三昧聖へと延長されるとき、

敬白

奉鋳　江州馬場宿蓮華寺突鐘事

右当寺者弥陀安置之道場念仏勤行
之霊砌也　仍近隣諸人等寺中之勝地
為二葬殮之墓所一然間欲レ醒二霊魂妄想之
睡一更無二鳧鐘逸韻之響一爰(畜カ)玄能歎二此事一
迴二思慮一之処禅定大法主忝為二大壇(ママ)那一
有二莫大御助成一亦沙門畜生勧二諸壇果一

大願我願既満　衆望亦定　伏講堂宇
勢不ㇾ傾鐘磬音無ㇾ絶　庄内静謐諸人
泰平乃至法界平等利益
　弘安七年十月十七日　勧進畜生法師
　　　　　　　　　　　願主　僧畜能
　大壇《ママ》那沙弥道日

のような近江国蓮華寺の鋳鐘勧進に従事した典型的な三昧聖「畜生法師」や「畜能」の名にみられる「穢身」への自覚へと追いやることになったのである。(22)

このように、中世社会において、穢土、堕地獄の観念が汚穢の触穢思想と分かちがたく併存しているもとでは、地獄よりの蘇生と極楽往生を得られる勧進の作善は、その功徳によって「雖破戒之身　還得清浄」を願った先の紀氏女の場合のように、「清浄」の回復をもたらすものであった。そして、そのことは「於不浄之處　書写之条雖有作善之号　其功徳不幾　釈尊所歎息(23)」という、勝尾寺の勧進沙門聖寂の「不浄」

と「作善」を対置した言葉の中に、よりいっそう明確な姿となってあらわれている。

葬送という「汚穢」視される世界に属した職能を担った三昧僧・聖が勧進と深く結びついた背後には、死者の追善を媒介とした、以上のような中世における勧進の実態が考えられねばならない。そして、彼ら勧進に従事した聖、僧徒たちの多種多様な勧進活動が、まさしく「当世勧進充満国土」と各地で催され、多くの結縁者を得ていた背景には、中世人の精神構造の根底に深く息づいていた「厭離穢土」「堕地獄」＝「不浄・汚穢」から「往生極楽」「破地獄・蘇生」＝「清浄」への回復への祈願があったに違いない。

註

（1）『平安遺文』一〇二〇号

（2）第三部九四号、『鎌倉遺文』一三〇六号

（3）網野善彦『無縁・公界・楽—日本中世の自由と平和』（平凡社、一九七八年）、本書第三章「中世的「勧進」の展開」。

（4）『鎌倉遺文』一一四九号
（5）『日本古鐘銘集成』一〇九五号
（6）『鎌倉遺文』四八七六号
（7）本書第二章「東大寺勧進職の成立」
（8）『俊乗房重源史料集成』（東京国立文化財研究所、一九六五年）
（9）『南無阿弥陀仏作善集』、『醍醐寺雑事記』
（10）註（3）と同じ。
（11）河原由雄「東大寺勧進聖祐全について」（『室町時代仏教美術の基礎的調査研究』奈良国立博物館、一九七〇年）
（12）堀一郎『我が国民間信仰史の研究』（創元社、一九五三年）
（13）『百練抄』建仁三年五月二十八日条
（14）註（12）と同じ。
（15）『日本古鐘銘集成』六四号
（16）「勧進聖と社寺縁起」（『国文学研究資料館紀要』四号、一九七八年三月）
（17）『実隆公記』享禄二年七月二十三日条、『言経卿記』慶長二年三月二日条ほか。
（18）大念仏寺文書
（19）『鎌倉遺文』四四一〇号

(20)『建内記』永享十二年二月十一日条

(21) 横井清『中世民衆の生活文化』(東京大学出版会、一九七五年)

(22)『日本古鐘銘集成』七四号

(23)『鎌倉遺文』四八七六号

第五章　勧進と興行——勧進の近世的展開

室町時代の演能は幕府武家や本所たる社寺で恒例に行なわれるもののほかは、勧進という興行形態をとっている。普通、勧進興行は三日間催されており、興行によって得られた収入の約半分が演能者側に渡っている史料も残されている。一例を応永十九年（一四一二）三月から五月にとれば、三月十一日「今日ヨリ於今宮社勧進猿楽アリ」、同十三日「次今宮社勧進猿楽」、五月二十四日「今日ヨリ嵯峨椎野ニ勧進猿楽岩童アリ」、同二十六日「今日モ椎野猿楽アリ又四条河原勧進猿楽十二五郎アリ」、同二十七日「今日モ四条河原猿楽アリ」、同二十八日「今日モ猿楽アリ」とみえ、[1]この間、京都では三月十一日から十三日にかけて今宮社、五月二十四日から二十六日には嵯峨椎野、同二十六から二十八日には四条河原で、それぞれ勧進猿楽の興行が開催されている。

ところで、勧進そのものの本来の意味は人々に善行をすすめ仏道に結縁せしめるという菩薩行であった。ところがわが国においてはやがて寺院修造等の事業資金確保の活動として理解されるようになる。今日では勧進といえば近年東大寺で進められているような堂塔修理の募金活動を想像するが、こうした勧進が一般化するのは鎌倉時代のことである。寺院財政の困窮にともなって多くの人々の結縁を可能とする勧進が、寺にとって魅力ある募金活動として取り上げられたのであった。

そして、鎌倉時代も中期になると、勧進は「当世勧進充満国土(2)」と流行をみせるようになり、ために通常の経典の講説などの方便（手段）では人々の関心を引くことはできなくなってきた。そこで寺院では〈勧進の効果をあげるため〉〈より多くの人々の関心を引く〉〈新しい方便を〉必要とするようになったのである。そのなかで取り上げられた勧進の手段の一つが芸能である。管見のうちでは宝治二年（一二四八）三

月二十三日に摂津勝尾寺において稚児舞楽が演じられたのが、勧進興行として芸能が催された最初である。(3)

そして当代の最新流行の芸能であった猿楽が勧進の方便となったのは、これより遅れ文保元年（一三一七）の法隆寺惣社前における勧進興行においてであった。この猿楽の導入は、人々の愛好の変化に対応してより新しい魅力ある勧進の手段を求めていた寺院が、収入増加の切札として発見したものといえる。

だが、皮肉にも猿楽の導入は宗教活動としての勧進の風化をもたらすものであった。すなわち、室町時代に入ると勧進を演者側が利用し自己の演能のための興行の場とするという逆転現象が起こってくるからである。

私はこれを勧進の歴史における「近世的」な展開と考えるが、その究極の姿は、永正十六年（一五一九）二月二十八日に行なわれた、

万松御桟敷に参る　能四番の間也　今日より之を始む　式部少輔を経て上意　勧進せしむと云々　観世大夫の扶持のため云々

という「観世大夫扶持」を目的とした勧進などの中にみることができる。[4] ここでは勧進といいながら、その実、観世座の収入確保のための興行が勧進という名目に拠っているることが知れ、もはや勧進興行主眼は演能興行以外の何ものでもなくなっていたことがあきらかになろう。

註

（1）『山科家礼記』
（2）春日神社文書（『鎌倉遺文』七八八六号）
（3）勝尾寺文書（『鎌倉遺文』七一八五号）
（4）『二水記』

初出一覧

第一章　中世的「勧進」の形成過程　日本史研究会史料研究部会編『中世の権力と民衆』　創元社　一九七〇年六月

第二章　東大寺大勧進職の成立　『日本史研究』第一五二号　一九七五年四月

第三章　中世的「勧進」の展開　『芸能史研究』　第六二号　一九七八年七月

第四章　中世の勧進と三昧聖　『歴史公論』六巻六号　一九八〇年六月

第五章　勧進と興行——勧進の近世的展開　『観世』第四六巻四号　一九七九年四月

あとがき

二〇一二年（平成二十四）三月をもって私は京都造形芸術大学を定年退職する。本書の編纂はこの節目に際し、私の学問上の出発点を整理、記録しておきたいという個人的な思いに端を発している。序章にも触れたが、私は一九八一年に東京国立近代美術館へ転職し、近代工芸部門、特に陶芸を専門とする学芸活動・研究領域に入った。以後は直面する仕事や調査研究課題に追われ、卒業論文から手がけてきた中世勧進のテーマは自ずと遠くなっていった。そのような状況のなかでも近代工芸や日本陶芸関連の論考とは別に、いつかは中世勧進を対象として書いた初期の論文等を形として残しておきたいという思いが心のうちにはあった。

そのような思いを私が抱いたのは、近代美術館で接する年配研究者のなかに初期の研究テーマとは異なる研究、調査活動を勤務先で行なっている人々が少なからずおられることを知ったからである。そしてそれらの人々のなかには、自身の記録として定年・定年後の時期に改めて近代美術館への勤務以前に執筆した論文著述を編集した書物を刊行されている人があった。日本の近代美術館創設の誕生期を過ごした世代であるそれらの人々は、大学での指導者、研究機関などが整っていなかったため、専門的に近代現代美術や工芸の分野を専攻研究する機会をもった人は少ない。むしろ古美術や歴史学の分野、制作実技分野などからの転籍で、近代美術館の開設のために呼び集められた他領域からの移籍組であった。今日のように近代美術、近代工芸が学問領域として確立し、受け皿の美術館も充実し、学生たちの受講も盛んな状況とはまったく様相を異にしていた時期であった。そうした先輩たちが現実の業務のなかで心の片隅に追いやった初期の研究に思いを寄せ、自己の学問遍歴の軌跡を再確認したいとの思いの結晶が論集の刊行であった。

私も先輩たちとは同様とは言えないまでも、東京国立近代美術館に付設された近現代工芸を対象とする工芸館の開館期に参画した一人であった。その時は遠い将来と思っていた定年という人生の節目が、私にとっても現実のスケジュールになるにつれ、私も学問遍歴の出発点となった初期論文集の刊行を考えてみたいという誘惑がふと頭をよぎった。そしてこのことを大学時代以来、公私にわたり指導をいただいている赤井達郎先生（奈良教育大学名誉教授。私の立命館大学文学部在学時代には美術史講義の非常勤講師をされていた）に相談したところ、さっそく仏教関連の出版で知られている法藏館への橋渡しを行なってくださることになった。それにより私の抱いた思いは急速に現実の事柄として動き始めることになった。

だが、個人的な事柄と考えていたものを、出版社からの発行書物として刊行するには当初はためらいもあった。収録されている論考等は一九七〇年代の発表時点からすでに長い年月が経過しており、近年の勧進分野の研究は私が取り組んだ段階とは比較にならない飛躍的な深化と細部への広がりをとげているからである。そして事実をいえば、まことに申し訳がないが私には現在進行形の中世勧進の研究の深化と広がりのなかにある状況の全体像が把握できていない。論文を発表していた時期には様々な肯定反論の評価を得て、次回の論文等で指摘された欠点などを修正できたのであるが、近代美術館への転勤後は、もはやそのことに直接的に関わる余裕も資格もなくなってしまっていた。

しかし、その後も私の氏名が世間には数少ない名前だということもあり、中世勧進に言及した論文や研究書を私のもとに恵投くださる方々が近年まであり、そうしたものを拝見するうちに、私の若さゆえに気負いが目立ち、しかも拙い筋道だけを提出したような内容の論文等であっても、中世勧進の研究の出発点として、これらを下敷きとして論証の対象にしてくださる研究者がおられることのありがたさを実感してきた。そうした一例として、引用者には勝手ながら、今も手元にあり大切にしている論文、研究書のなかから松尾剛次氏と下坂守氏の文章を紹介しておきたい。

「中世の寺社の修造をとりあげる場合、中世の寺社の修造が主として勧進によってなされた以上、勧進の問題を抜きにして語れないのは周知の如くである。そして勧進の問題については多くの論考により触れられている。その結果、高野山、東大寺、東寺、唐招提寺、祇園社といった個々の寺社についての勧進のありかた

(勧進聖、勧進所、大勧進職保有者等)が具体的になってきたのである。殊に、中ノ堂氏の研究は、ともすれば寄付金行為であるとしてかたづけられがちであった勧進、特に中世的勧進の特色を明らかにしたすぐれた研究といえよう。それゆえ氏の説を検討することで研究史の整理・問題点の指摘にかえたいと思う」(松尾剛次「勧進の体制化と中世律僧」、『日本史研究』二四〇号、一九八二年。後に『勧進と破戒の中世史――中世仏教の実相』吉川弘文館、一九九五年に再録)。

「中世の勧進については、従来よりさまざまな角度からの研究業績が蓄積されており、その成果を総括することは容易ではない。ただ、あえてこれまでの中世の勧進研究をその対象とした時代および研究視点という角度から分類すれば、大きく分けて二つの方向から進展してきたように思われる。その一つは、中世初期における勧進の実態の分析を中心に据え、そののちの勧進の行方をさぐるという視点であり、また、いま一つは、近世の「本願」「穀屋」と呼ばれた勧進聖たちの前身として、中世末期の勧進の実態をあきらかにしようという視点である。前者の研究としては実に豊かな蓄積をもつに至っているが、その出発点となったのが中ノ堂一信氏の一連の業績である。中世勧進研究を大きく方向付けた氏の研究の最も重要な点は、中世の勧進が勧進僧の全面的請負事業として存在し、それゆえに本来は応急の臨時的活動として存在した勧進活動が、その成果をもとに請負事業終了後も当核寺社において修繕活動を存続したことを論証されたことにあった。そののちの研究によって、勧進方の修繕活動が恒常的なものとなりにくく、やがては寺院の修理部門に吸収されていく傾向が強かったことが指摘されているが、中世的勧進の本質的なあり方は、この中ノ堂氏の研究によって位置付けられたといっても過言でない」（下坂守「中世的勧進の変質過程」、京都国立博物館『学叢』十三号、一九九一年。後に『描かれた日本の中世――絵図分析論』法藏館、二〇〇三年に再録）

このような私の中世勧進の論文への評説を拝読するにつけて、発表当初に掲載した掲載雑誌に記載したままで、それぞれがばらばらなままになっている私の「中世勧進」論を一括してまとめ、たとえ現在では一周遅れとなっていても公刊し、私の想定していた中世勧進の―形成から展開―の道筋をあきらかにしたいという思いがためらう心を後押ししてくれた。それが実現できた喜びは個人的には感謝以外のなにものでもない。そのために本書では文章の誤記、史料の誤引用の訂正、論旨の若干の調整、註の統一などを除いて初出原稿の状態をできるだけ維持した。

最後に、本書の構想を知り産婆役の労を引き受けていただいた赤井達郎先生。過去の原稿の校正をするために史料の再査察を共に行なってくださった京都造形芸術大学大学院芸術文化研究専攻の大学院生岡村梨加さん。表紙デザインを担当していただいたデザイナーの大向務さん。そして私の個人的な思いから出発した本書を、初出旧稿からの印刷組みから始めて出版にまでこぎつけてくださった法藏館編集部の田中夕子さん、秋月俊也さん。これらの方々に心からの御礼を申し上げる。

二〇一二年一月

京都下鴨の自宅にて

中ノ堂一信

中ノ堂　一信（なかのどう　かずのぶ）

1946年京都市生まれ。立命館大学文学部史学科卒業。京都府立総合資料館学芸員、東京国立近代美術館研究員・主任研究官、国立国際美術館学芸課長、京都造形芸術大学大学院専攻長などを経て、現在は京都造形芸術大学・大学院教授。

主な著書に『京都窯芸史』（淡交社、1984年）、『近代日本の陶芸家』（河原書店、1997年）、『やきもの名鑑―楽と京焼』（共編、講談社、1999年）、『アジア陶芸史』（共編、昭和堂、2001年）、『茶陶・歴史と現代作家101人』（共著、日本放送出版協会、2002年）、『富本憲吉のやきもの』（小学館、2003年）など。

中世勧進の研究――その形成と展開――

二〇一二年二月一〇日　初版第一刷発行

著　者　中ノ堂一信

発行者　西村　明高

発行所　株式会社　法藏館

京都市下京区正面通烏丸東入

郵便番号　六〇〇-八一五三

電話　〇七五-三四三-〇〇三〇（編集）

〇七五-三四三-五六五六（営業）

装幀者　大向　務

印刷　立生株式会社・製本　清水製本所

ISBN 978-4-8318-7363-7 C3021